日本のおむすび

47都道府県を
旅して見つけた
毎日楽しめる
レシピ94

旅するおむすび屋
菅本香菜

ダイヤモンド社

はじめに

はじめまして。「旅するおむすび屋」の菅本《すがもと》香菜《かな》です。
「おむすび屋」とは言っていますが、お店は持っていません。
２０１６年に活動を始めた当初から、日本全国のあらゆる地域を訪れ、
その地域の食材を使っておむすびを結ぶような
食育ワークショップを実践してきました。

「あなたの思い出に残るおむすびは？」
ワークショップに参加してくださったみなさんには
いつもこう聞いていました。するとみなさん、
おむすびにまつわるいろんな豊かな記憶を教えてくれるんです。

「おばあちゃんがおやつに作ってくれたおむすびがおいしかった」
「部活動の合間、仲間と笑いながら食べたおむすびが忘れられない」
「旅先で出合ったお店のおむすびに衝撃を受けた」――。

おむすびの向こうには必ず温かい人のぬくもりがある。
ときにはその地域特有の聞いたこともないレシピとも出合います。
おむすびは、私たち日本人にとってはあまりにも身近な食べものだからこそ
日本のあらゆるところで、それぞれの地域で

身近にある食材を上手に使って結ばれ、食べられてきていました。
日本全国のおむすびを取材すれば、地域のおむすびを通して、
日本各地の豊かさや魅力を再発見し、表現できるかもしれない。
そんな興味が湧いて、47都道府県のおむすびを取材する旅へ出ることに。
3年間ほどの年月をかけて、多くのみなさんにご協力いただき、
取材を完遂することができました。

本書では、訪れた先々で教えてもらったおむすびのレシピや、
教えてもらったものを参考に私たちがアレンジしたレシピに加え、
そこで出合った人や食のエピソードを、美しい写真とともに紹介しています。

47都道府県、それぞれに2つずつレシピを掲載しています。
ですから、紹介したレシピをすべて再現してもらうだけでも、
日本列島を二周するくらいの旅気分が味わえます。

ぜひ、本書を読んで、おむすびを結んで、食べて、
そして気になる場所には実際に出かけていって……
この本を使って、思いっきり楽しんでもらえたらうれしいです。

それでは、おむすびの旅へレッツゴー！

Contents

関東

中部

Contents

Contents

北海道・東北

北海道／青森県／岩手県
秋田県／宮城県
山形県／福島県

日本のおむすび

北海道／ 01

北海道

おむすび 01

星屑昆布とシャケのおむすび

「星屑昆布」は次のURLから購入できる。
https://piroro.base.shop

材料（1個分）

温かいごはん……茶碗1杯弱
シャケフレークもしくは
焼き鮭の切り身……10〜15g程度
星屑昆布……適量

作り方

①シャケを具材におむすびを結び、星屑昆布を周りにまぶす。

※星屑昆布なしで作るならミルで昆布を粉砕。薄手の昆布を使い、昆布の量はおむすび1個につき3〜5gに。

おむすび
02

バジルガーリックおむすびのレタス包み

材料（3個分）

温かいごはん……300g
ニンニク……2片
スイートバジル……3枚程度
醤油……小さじ2
バター……15g
米油……大さじ1
カマンベールチーズ……適量
レタス……3枚

作り方

①ニンニクを粗みじん切りにする。フライパンに米油をひいてニンニクも加え、弱火で加熱しながら香りを出す。

②ニンニクの香りが立ったら、刻んだバジルとバターを加えてサッと炒め、最後に醤油を加えて火を止める。

③温かいごはんに②を混ぜる。カマンベールチーズを具材にしておむすびを結び、レタスで巻く。

日本のおむすび

北海道 / 01

北海道

保志さんは、高齢化や担い手不足が続く昆布漁の現場を盛り上げるべく挑戦を重ねている。

アイヌの人々が愛した〝こんぶ〟を現代風に

もとは蝦夷地《えぞち》と呼ばれていた北海道は先住民であるアイヌの人々が暮らしていた。ここにはアイヌの文化を感じられるおむすびがある。

訪れたのは十勝地方最南端の広尾町。海沿いでクルマの窓を開けるとまるで出汁のプールに飛び込んだような濃厚な磯の香りが漂う。

そう、ここは昆布の産地。波に漂う昆布を、イカリのような道具で収穫する漁師たちの姿が見える。

昆布はもともとアイヌの人々が「コンプ」と呼んでいた言葉が中国に渡り、外来語として日本に入ってきたのだそう。アイヌの人々の生活や文化を描いた昔の絵巻物「アイヌ風俗絵巻」にも、現代の漁師が使っているような道具で漁をするアイヌの人々の姿が残っている。

今回、取材した保志弘一さんは、歴史ある昆布漁を受け継ぐ若手漁師の一人。保志さんは昆布の加工に新しい技術を取り入れたりして、漁業の新たな可能性を探っている。「漁師ならとにかく海に〝刺され〟っていうのがこれまでの考え方だから、先輩の漁師にはなかなか理解してもらえません。でも漁業の衰退は止まらない。だからこそ僕は挑戦するんです。先人が築いたものを未来につないでいきたいから」。

おむすびに使ったのは、保志さんが仲間と開発した「星屑昆布」。これまで捨てられていた規格外の昆布を粉砕し、料理に使いやすい形にし

麻紀さんのひいお爺さんは家族でこの地を開墾し、育てた作物を売れるようになるまでに25年かかったそう。

たものだ。北海道のシャケやマスを具材におむすびを結び、塩の代わりに昆布をおむすびにまぶしたら完成。昆布の香りがふわりと舞うと、海辺の景色が脳裏に浮かぶ。料理しやすいよう1・5㎜角に粉砕した昆布の食感も楽しく、ほどよい塩味とうま味でごはんの甘さが引き立つ。

大地のエネルギーがつまった野菜のおむすび

北海道といえば開拓の地。そこで、開拓民の子孫が運営する農園「佐々木ファーム」を訪れ、5代目の佐々木麻紀さんに話を聞いた。彼女のひいお爺さんが土地を開墾し、農園を造り上げたという。今は東京ドーム3個分の広さの畑で約60種類の作物を育てている。それも農薬や化学肥料は使っていないそう。麻紀さんはこの土地を所有しているのではなく、〝預かっている〟感覚で作物を育てているという。そんな大地で育った旬の野菜を使ったおむすびを教えてもらった。

香りのいいバジルをふんだんに盛り込んだガーリックライスを作り、北海道チーズを具材にしておむすびに。これを新鮮なレタスで包むと完成だ。しっかりした味のおむすびをレタスがさっぱり仕上げてくれる。具材も巻く物も自由。そんなおむすびの包容力が感じられる。

広大な自然の恵みにあふれる北海道。ここには豊かな食材を土台に過去と未来をつなぎながら生きる生産者の姿があった。

日本のおむすび

東北／02

青森県

おむすび
03

ごままんまのおむすび

作り方

①米を洗い、炊飯器の目盛りよりやや少なめに水加減し、Aを加える。昆布も加えて炊く。
②炊けたら昆布を取り除き、醤油を回し入れて全体をさっくり混ぜて、おむすびを結ぶ。

黒炒りゴマと砂糖、塩、酒、昆布を炊き込むだけなので、自宅でも簡単に再現できる。

材料（6～8個分）

米	2合
A 黒炒りゴマ（すり鉢で粗めにする）	大さじ2
A 酒	大さじ1弱
A 砂糖	大さじ1強
A 塩（小さじ⅓程度）	2g
昆布	5cm角1枚
醤油	小さじ2

おむすび 04

わかよまま

材料（1個分）

温かいごはん …………………… 茶碗1杯強

若生昆布 ……………… 1枚（20cm程度のもの）

作り方

①若生昆布についた塩を軽く払う。

②広げた昆布の中心部に温かいごはんを広げる（昆布の四隅は余白を残す）。

③昆布の四隅を中心に向けて折り込む。

④③を半分に折りたたみ、形を整える。

昆布のサイズに合わせて、ごはんはたっぷり、一般的なおむすびの二つ分ほどの量を包んでいく。

日本のおむすび

東北／ 02

青森県

津軽あかつきの会で教わった未知の世界の料理たち。食材も調理法も驚くことばかりだった。

真っ黒に染まったおむすびの正体は？

「未知の世界へようこそ」。青森で最も印象に残った言葉だ。

新青森駅を降りた途端、耳に入る津軽弁がほとんど理解できない。宿泊先の近くの居酒屋で津軽弁講座をしてもらったところ、「とてもおいしい」は「わやめ」と言うのだそう。

まず訪れたのは弘前市で津軽の伝承料理をつなぐ活動をする「津軽あかつきの会」。20代〜80代の地元の主婦たちが30人ほどで活動する団体だ。ここで教えてもらったおむすびは次の3種類。

・ばっけ（フキノトウ）味噌のおむすび

・青森でよく食べられている根曲がり竹の炊き込みごはんのおむすび

・真っ黒に染まったごまんまのおむすび

「ばっけ味噌」はかつて砂糖が高級品だった時代、身近にあったリンゴをすり下ろして甘みをつけたというもので、リンゴの優しい甘みが印象的な味噌をおむすびの具材にしている。根曲がり竹は柔らかくもシャキシャキとした食感で、炊き込みごはんにぴったり。

ごまんまの魅力は炒った黒ゴマの香ばしい香り。こちらは黒ゴマと砂糖、塩、酒を炊き込めば簡単に自宅でも作れるのがポイントだ。

おむすび以外にも、サメ肉を使った和え物やリンゴを丸ごと漬けた漬物など、これまでに出合ったことのない食材や調理法が目白押し。こう

秋田さんが子どもの頃は、浜辺に流れてきた
昆布を拾っておむすびにしていたそう。

した食材を前に地元のおばちゃんが語ったのが冒頭の言葉だ。確かに初めて出合う料理や食材が目白押しだった。

ごはんを丸ごと一枚の昆布で包む「わかよまま」

青森県北部の海沿いにある外ヶ浜町で出合った未知のおむすびは、「わかよまま」。「わかよ」とは、「若生《わかおい》昆布」のことで、薄くて柔らかい一年モノの昆布のこと。

塩をまぶして保存しておいた若生昆布に温かいごはんを包んだのが「わかよまま」だ。かぶりついたときに昆布の繊維が横に裂けるよう包むのが食べやすく包むポイントだそう。そう意識しながら昆布を巻いていくと、見たことのない半月形のおむすびが出来上がる。昆布のサイズに合わせると、一般的なおむすび二つ分のボリュームがある。

かぶりつくと磯の香りが口の中に一気に広がり、食感はまるで菜っ葉のよう。ビッグサイズだけれど、ほどよい塩味で食が進む。

わかよままを教えてくれた秋田さんによると、昔はこのわかよままを漁や農作業に持って行っていたのだそう。

この土地ならではの自然の恵みと、それを生かす人々の知恵が重なって生まれた青森のおむすびたち。こんな未知の世界がきっと日本各地に広がっているに違いない。

日本のおむすび

東北／ 03

岩手県

おむすび
05

梅と赤シソのおむすび

梅干しをごはんに混ぜ、平べったい丸形のおむすびにしたら、後は赤シソで包むだけ。

材料（1個分）

- 温かいごはん …… 茶碗1杯弱
- 梅干し …… 1個
- 赤シソの塩漬け …… 2枚

作り方

①刻んだ梅干しをごはんに混ぜる。もしくは梅干しを具材にしておむすびを結ぶ。
②おむすびに赤シソを貼り、形を整える。

おむすび
06

かぜ飯のおむすび

材料（6〜8個分）

米……2合
生ウニ……150g程度
A 醤油……大さじ1
A 酒……大さじ1
A みりん……大さじ1
A 塩……ひとつまみ

作り方

①米を洗い、Aと水を加えて炊飯器の目盛りよりやや少なめに水加減し、ウニも加えて炊飯する。
②炊き上がったらさっくりと全体を混ぜておむすびを結ぶ。海苔を巻いてもおいしい。
※ウニの塩分で塩味が変わるので、塩で味を調整する

ウニの色や形にはとらわれない。たとえ見た目が悪くても、ご飯と一緒に炊き込めばごちそうになる。

日本のおむすび

東北／03

岩手県

ハツばあは、地域のアイドル的存在。おむすびに使った梅干しもハツばあの手作りだ。

暑い日の肉体労働は赤シソのおむすびでさっぱり

岩手県遠野市。山々に囲まれた盆地にあるこの町で、柳田國男は『遠野物語』を書いた。『遠野物語』にはカッパや座敷わらし、山女などが登場する。町を歩くと、不思議な物語が生まれるのも納得できるような、ちょっと不気味でワクワクする場所がたくさんある。

そんな遠野で訪れたのが、米通ハツ子さんのご自宅だ。笑顔の似合う「ハツばあ」ことハツ子さんが出迎えてくれた。

ハツばあが教えてくれたのは、遠野で古くから農作業に持って行っていたという梅と赤シソのおむすびだ。昔ながらの酸っぱい梅干しをごはんに混ぜ、平べったい丸形のおむすびにしたら、おむすびの周りを赤シソで包んで完成。食べると目が覚めるような酸っぱさ！「こうすっと暑い日でも悪くなんねえの」。防腐剤にもなり気合いまで入れてくれる梅干しはやっぱり偉大。梅、塩、赤シソだけで漬けた梅干しが手に入ったら、ぜひ試してみてほしい。

ハツばあは、ほかにも田植えの後の豊作を願う宴「田植え上がり」で作る「ひっつみ汁」を教えてくれた。すぐそばに深い山があり、冬には大雪になる。自然の厳しい地域で暮らすと、おのずと自然への〝畏れ〟を抱かずにはいられない。ハードな環境だからこそ、この地域に住む人々はともに集い、同じ釜の飯を食べながら支え合ってきたのだろう。

釜石港で獲れたウニ。地元のお母さんたちは、こうした海の恵みを家庭の定番料理として活用している。

ウニとアワビの贅沢な組み合わせの炊き込みごはん

次に向かったのは岩手県釜石市の漁港。ここで迎えてくれたのは元気いっぱいの海の女たち、釜石湾漁協白浜浦女性部のみなさんだ。普段は夫と海に出たり、漁の後の作業を手伝ったりしている。

彼女たちが愛する地元の炊き込みごはんが「かぜ飯」。「かぜ」とは釜石の方言でウニのこと。漁で獲れたウニの中でも、少し色や形が悪いものをごはんと炊き込んだのがかぜ飯だ。

かぜ飯はハレの日だけではなく、普段から食卓に並ぶ地元の定番料理だそう。冷凍したアワビが冷蔵庫にあれば、ウニに加えてアワビも一緒に炊き込むというのだから、なんて贅沢！

ウニを炊き込んで加熱するので甘さが増して濃厚な味わいになる。生では味わえないおいしさだ。もったいないと思う気持ちをグッと堪えて、ぜひチャレンジしてもらいたい。

この町は東日本大震災で大きな津波に襲われ、震災後は避難所で40日間の集団生活をしていたという。水道や電気が途絶えた中でも家庭にストックしていた海産物を持ち寄ってみんなで乗り越えた。

「浜はお互い様だからね」。お母さんたちはこう笑う。正しく自然を畏れ、自然とともに生きる姿勢が岩手の人のつながりを強くしている。

日本のおむすび

東北／04

秋田県

おむすび 07

甘い生味噌のおむすび

羽場こうじ店の「特上㐂助みそ 甘口つぶ」は
次のURLから購入できる。
https://habakojishop.handcrafted.jp/items/36940769

材料（1個分）

温かいごはん ……… 茶碗1杯弱
特上㐂《き》助《すけ》みそ 甘口つぶ ……… 10g弱

作り方

①温かいごはんでおむすびを結び、生味噌を塗る。

おむすび
08

しょっつるのおむすび

材料（1個分）

温かいごはん ……………………… 茶碗1杯弱
鍋通亭しょっつる …………小さじ1程度
海苔（あれば岩海苔） ………………………適量

作り方

①温かいごはんでおむすびを結び、魚焼きコンロもしくはフライパンで焼く。
②焼き目がついたおむすびにしょっつるを塗り、香ばしさが出るまで焼く。
③海苔を巻く。

ひより会の「鍋通亭しょっつる」は秋田県内の道の駅や秋田食材を扱う通販サイトで買える。

日本のおむすび

東北／04

秋田県

白い割烹着がよく似合う小柄な女性の百合子さん。さまざまながっこの味を教えてくれた。

甘い生味噌を俵形のごはんに塗ってパクリ

秋田では、納豆や赤飯など、何にでも砂糖をかけることで有名な県南に位置する横手市を訪ねた。迎えてくれたのは大正7年(1918年)に創業した麹店「羽場こうじ店」の次女として生まれた鈴木百合子さん。

百合子さんが食の重要性に気づいたのは、県外に出て体を壊してから。起き上がることもままならない状態だったが、地元に戻って毎日お味噌汁とお米を食べていたら元気になったそう。「地元のお米やお味噌汁を食べると、体が『ただいま』って言ってる感覚になるのよね」と笑う。

そんな百合子さんが教えてくれたのは、羽場こうじ店を代表する「㐂助みそ」を塗った生味噌のおむすび。ころんとかわいい柔らかな俵形をしたおむすびに生味噌をかぶせていく。

味噌を舐めると麹を感じる甘めの風味。贅沢に大豆の3倍の米麹で仕込んだ味噌と聞いて、その甘さに納得した。米どころの横手では、どんな料理にも米麹をたっぷり使うため甘党になったのだそう。自宅で再現するなら、生味噌をほかほかのおむすびに塗ればすぐに完成するうえ、米麹たっぷりの甘めの味噌を使えば一気に横手風に仕上げられる。

おむすびだけでなく、がっこ（お漬物）についても教えてくれた。「人が集まるときは、お重にいろんながっこを盛りつけて持ち寄るの」。色とりどりのがっこは、野菜の切り方などを工夫し、漬ける材料や期間も

しょっつるのおむすび以外にも、ひより会のお母さんたちは秋田定番のしょっつる鍋を教えてくれた。

それぞれ違う。まさに知恵と技の集積だ。

クセのある魚醤と岩海苔の意外なマリアージュ

続いて訪れたのは、横手市からぐっと北へ向かった八峰町。待ち合わせの小屋へ向かうと、かなりクセのある香りが漂っている。

ここは「ひより会」のお母さんたちが「しょっつる」を作っている場所。しょっつるとは、秋田の県魚のハタハタを1年半から2年ほど塩漬けして発酵させた魚醤だ。仕込み途中の樽の中を見ると、丸のままの魚がだんだんドロドロになっている。これを「おいしい調味料になる」と思った先人の冒険心に心からバンザイしたくなった。

教わったのは、しょっつるを使った焼きおむすび。しょっつるを塗って香ばしく焼いたおむすびに、地元で採れた岩海苔を巻いたらもう完成。個性が強い海の香りのダブルパンチが、思いのほかクセになる。

ナンプラーは苦手だという人も、しょっつるは比較的マイルドなので試しやすい。料理の隠し味としても活躍してくれる。

この辺りの家庭では、しょっつるを4Lの焼酎ボトルに入れて常備している人もいるそう。それくらい日常に根づいた調味料なのだ。

生き延びるための知恵として生まれた発酵食を豊かな感性で楽しみ、食卓を彩る。秋田では女性たちの生きる知恵に出合うことができた。

日本のおむすび

東北／05

宮城県

おむすび 09

太さんの海苔むすび

アイザワ水産の海苔は、次のURLから購入できる。
https://www.aizawasuisan.com

材料（1個分）

温かいごはん……ごはん茶碗1杯弱
アイザワ水産「厳選」……1枚
塩……適量

作り方

①塩むすびを結び、海苔を巻く。

※海苔を巻く前に少し炙ると香ばしさが一層、引き立つ。

おむすび
10

牡蠣飯のおむすび

材料（6〜8個分）

米 ………………………… 2合
牡蠣 ……………………… 200g
A 醤油 …… 大さじ1と½
A 酒 ……………… 大さじ2
A みりん ………… 大さじ1
A 塩 ……………… 2つまみ
昆布出汁※ ……… 約360ml
※一晩水に昆布を漬けておく
千切りショウガ ……… 10g
海苔 ……………… 6〜8枚

下準備　牡蠣を塩水（分量外）で洗う。これを2回繰り返す。牡蠣に醤油大さじ1弱（分量外）をまぶし、しっかりと水分を切る。

作り方

①調味料Aを鍋で煮立たせる。煮立ったところに下準備を終えた牡蠣を加え3分ほど煮る。火を止めて冷ます。冷めたら牡蠣を取り出す。
②炊飯器に洗った米を入れ、牡蠣を炊いた出汁を加える。さらに炊飯器の2合目盛りまで昆布出汁を加える。ショウガの千切りも加え、通常炊飯する。
③炊飯後、蒸らしの際に牡蠣を加えて蓋を閉めてさらに5分ほど蒸らす。
④全体をさっくりと混ぜ、おむすびを結ぶ。牡蠣の身をおむすびの中心に持ってきたいときは、牡蠣の身を一度取り出し、牡蠣の身を真ん中に持ってきておむすびを結び、海苔を巻く。

日本のおむすび

東北／05

宮城県

かつては「海苔の赤ちゃんと船で添い寝していたくらい」と笑う太さん。晃也さんも大切な漁師仲間だ。

5回かむと、うま味が爆発する個性派海苔を育成

宮城県では東松島市で海苔漁師をしている相澤太さんを訪ねた。太さんのことを知ったのは、熊本の海苔漁師と〝利き海苔〟をしたときのこと。全国から海苔を取り寄せて産地を当てていったのだけれど、太さんの海苔だけは、漁師たちが全員、「ああ、太の海苔やな」と地域名ではなく〝名指し〟で正解したのだ。

確かに太さんの海苔は、これまで出合ったどの海苔とも違って、かめばかむほどうま味が追ってくる濃厚な味わいだ。「俺の海苔は東松島の海をそのまま感じられるように作っている。荒波の中で育った海苔を表現できるよう、5回かんだときにうま味が爆発する設計をしてるの」。

そんな太さんの海苔を塩むすびに巻くと、米の甘さを感じた後に、海苔のうま味が追ってきて、口の中にずっとうま味が続いていく。海苔が変わるとおむすびの味がこんなに変わるのかと心から感動した。海苔にこだわるだけでおむすびのごちそう度はアップする。ぜひ試してほしい。

太さんは海苔を育てるだけでなく、全国を巡って自然の大切さを伝えるワークショップを開催したり、海の環境改善に向けた仕組みづくりのために海外に行ったりしている。1000年後に生まれ変わっても海苔漁師がしたいから環境活動にも力を入れるのだそう。

海の環境を守り、つなげること。そこに本気で向き合う海苔漁師の手

晃也さんの牡蠣は、「鍛えながら育てている」
から貝柱がしっかりしているのだという。

がける個性豊かな海苔が、食卓のおむすびを劇的に変えてくれる。

牡蠣の出汁で炊いた牡蠣飯と牡蠣の最強コンボ

太さんの姿勢に共感する漁師さんも多い。その一人が、同じく東松島市で牡蠣漁師をする阿部晃也さんだ。晃也さんの小さな隠れ家を訪れると、部屋いっぱいに磯の香りが漂っていた。部屋の真ん中には薪ストーブとその上にお菓子の缶。「牡蠣のカンカン焼き」のおもてなしだ。

熱々の牡蠣を一口でいただく。プリプリの牡蠣からうま味があふれ、弾力のある貝柱が口の中で躍る。「この貝柱は主張が激しいの。俺みたいでしょ」と晃也さんが笑う。海苔同様、育てる人の個性が食べ物に表れる。

そんな晃也さんが教えてくれたのは牡蠣飯。まずは牡蠣をサッと調味料で炊いて身を取り出し、牡蠣のうま味が抽出された出汁で米を炊く。こうして出来上がった牡蠣飯に、先ほどの牡蠣を具にして、おむすびを結ぶ。もちろん巻くのは太さんの海苔だ。

食べてみると、牡蠣をごはんで包むことでうま味の余韻が広がり、海苔のうま味も喧嘩せずにかけ合わされ、互いの魅力を引き出し合う。自宅で作るときは牡蠣が硬くならないよう、火を通しすぎないように注意。

「一流の生産者は未来を育てる人。俺らもそんな漁師でありたい」

そう願う二人の漁師の思いが、こんな濃厚なおむすびを生み出した。

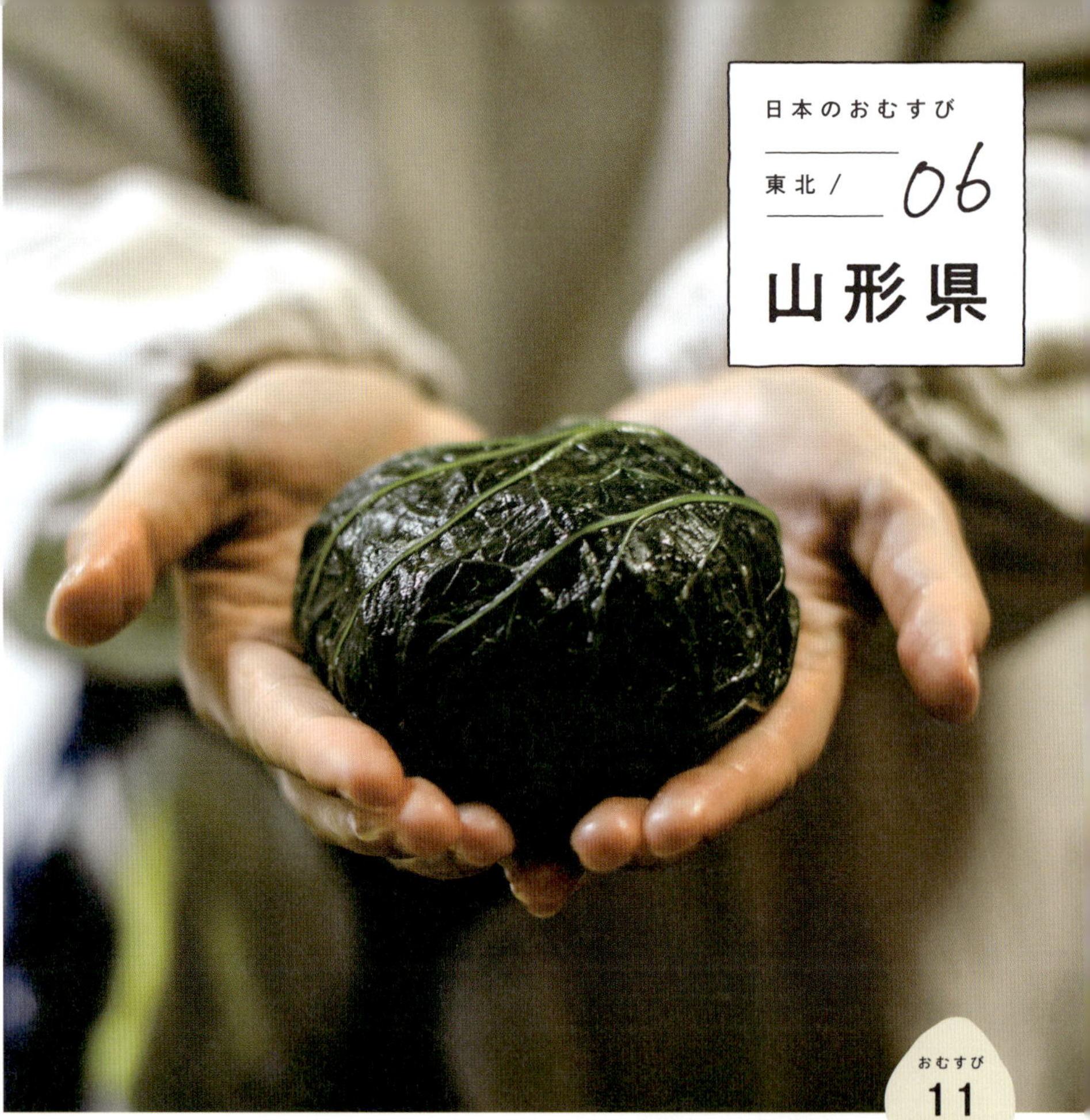

日本のおむすび

東北 / 06

山形県

おむすび 11

弁《べん》慶《けい》飯《めし》

仕上げはトースターで焼くこともできるので、
自宅でも比較的、手軽に再現ができそうだ。

材料（1個分）

温かいごはん …… 茶碗1杯弱
味噌 …… 10g弱
青菜《せいさい》漬け …… ½ ～ 1枚
（芯が分厚いところは取り除く）

作り方

①温かいごはんで平たい太鼓形のおむすびを結ぶ。
②表面に生味噌を塗り、青菜漬けで包む。
③炭火で、難しい場合はトースターなどで焼き目がつくまで焼く。

おむすび
12

岩海苔むすび

材料（1個分）

温かいごはん ………… 茶碗1杯弱
バラ干し岩海苔 ………… 3g程度
醤油 ………… 小さじ1程度

※好みで煮切りみりんか煮切り酒を適量加えてもおいしい。

作り方

①岩海苔を醤油に浸し、ラップの上にまんべんなく広げる。
②温かいごはんで俵形の白むすびを結ぶ。
③①の上におむすびをのせて、ラップごと海苔を巻きつける。

ラップを使うとバラ干しの岩海苔をおむすびに巻きやすくなる。

おむすび以外にも、山形で長く食べられてきた
芋煮や紅エビの味噌汁などを教わった。

青菜《せいさい》漬けでごはんを丸ごと包む弁慶飯

山形を訪れたのは雪の激しい日。あたり一面の真っ白な景色に、この環境で暮らすことがどういうことなのか、まだ想像できなかった。

まず取材をしたのは鶴岡市で惣菜店「ごちそうカイトン」を営む海藤道子さん。道子さんは福岡県北九州市出身。ほとんど雪が積もることのない地域から雪深い鶴岡に移って最初は戸惑ったに違いない。けれど山形の豊かな食文化にひかれて気がつけば20年以上の時がたったのだとか。

そんな道子さんが教えてくれた地元のおむすびは2種類ある。

一つ目は「弁慶飯《べんけいめし》」。平たい丸形のおむすびに味噌を塗り、青菜《せいさい》漬けの葉っぱで包む。包んだおむすびをこんがりと焼いたら完成だ。源義経の家来、弁慶の握りこぶしに似ていることからこの名前になったなど、由来は諸説あるそうだ。香ばしさと発酵のうま味が山形の甘い米の魅力を引き出している。自宅で再現するなら、青菜漬けが手に入りづらい場合は、高菜漬けを代用してもいい。

もう一つのおむすびは、岩海苔むすび。山形の寒い冬に海岸で採れる貴重な天然の岩海苔を贅沢に使ったもので、岩海苔を醤油に浸しておむすびにまぶしていく。醤油に浸すことで海苔が柔らかくなり、温かいごはんと合わさることで磯の香りがふわりと際立つのだ。ラップを使うとバラ干しの岩海苔をおむすびに巻きやすくなる。

雪深い山形だが、食べ物を通して人々は季節の変わり目を感じながら生きていた。「また来てね」と光さん。

一口頬張ると、焼き海苔とは異なるシャキシャキとした歯応えとともに海を感じる香りが広がる。冷たい海に生える海苔の生命力をいただいていると実感する。

おむすびと一緒に食べたい四季を彩る季節の汁物

道子さんには、3種類の汁物も教えてもらった。山形では欠かせない芋煮は山形の庄内エリアと内陸エリアで具材や味つけが異なるという。庄内風は「味噌味×豚肉」（豚汁っぽいけれど、豚汁というと庄内の人に怒られることがあるらしい）で、内陸風は「醤油味×牛肉」（汁まで飲めるすき焼きのような感じ）。どちらの場合も、里芋は欠かせない。もう一つの汁物が、冬が旬となる紅エビの味噌汁だ。

「山形では年中汁ものを食べるんです。春は孟宗《もうそう》汁（タケノコを使った味噌汁）、夏はトウモロコシの味噌汁、秋から芋煮が始まって、もっと寒くなってくると納豆汁や寒ダラ汁」と道子さん。新庄市の農家さんによると「寒くなると、そろそろ納豆汁だね」という感覚になるという。

山形で訪問した農家民宿レストラン「知憩軒」店主の長南光さんは、こう話す。「春の山菜の季節にはぜひまた来てね。山菜はね、動けなくて毒素がたまった冬の身体の毒を抜いてくれる、自然からのプレゼントなの」。山形の人々は、四季に生き、季節それぞれの喜びを知っている。

日本のおむすび

東北／07

福島県

おむすび 13

こづゆのおむすび

作り方

①干し椎茸、乾燥キクラゲを水で戻す。枝豆は軽くゆでてさやから出す。

②干し椎茸とキクラゲは軽く洗って石づきを取り細切りに、ニンジンは小さめのイチョウ切りにする。帆立貝柱は手でほぐす。

③米を洗って調味料と干し帆立の戻し汁をすべて入れ、炊飯器の2合ラインまで水を加える。すべて戻し汁でもいい。

④上に椎茸、帆立、ニンジン、キクラゲ、銀杏をのせ、炊飯器で炊く。

⑤炊き上がったら枝豆を加えてさっくり混ぜ、軽く塩（分量外）を手につけておむすびを結ぶ。

材料（6〜8個分）

米	2合
干し椎茸	1枚
干し帆立貝柱	6個
ニンジン	⅓本
乾燥キクラゲ	4枚
銀杏	8粒
枝豆	10さや程度
塩	小さじ⅓
醤油	大さじ1
酒	大さじ1

※干し帆立貝柱は一晩水で戻す。戻し汁は捨てずに残しておく。

おむすび
14

油味噌のおむすび

材料（1個分）

温かいごはん	茶碗1杯弱
長ネギ	1本
米油	大さじ1強
A 砂糖	大さじ1
A 米味噌	70g程度

※長ネギだけでなく、季節の野菜を加えてもいい。

作り方

①長ネギは小口切りかみじん切りにする。フライパンに油を熱して長ネギを炒める。
②弱火にしてからAを加え、砂糖が溶けるまで加熱する。
③油味噌を具材にして、おむすびを結ぶ。
※油味噌は適量を具材に使うだけ。余った分は常備菜として活用できる。

二三子さんが営む「黒米味噌本舗」の油味噌は、西会津町のふるさと納税などで購入できる。

こづゆは会津のおもてなし料理。「おかわりしてくださいね」という想いで小さく浅い漆塗りのお皿に盛るのだという。

干し貝柱や野菜をお米に炊き込んで結ぶ贅沢むすび

福島は阿武隈高地と奥羽山脈を境にして、「浜通り」「中通り」「会津地方」という3つのエリアに分かれる。全国で3番目に広く関東や東北6県と接しているため、地域によって食文化もまったく違っている。

今回は会津エリアを訪れた。最初に訪ねたのが、会津の食に詳しい料理人の黒澤俊光さん。黒澤さんが考案したのは、郷土食「こづゆ」を米と一緒に炊くおむすびだ。こづゆとは、干し貝柱の出汁をベースに野菜やキクラゲ、豆麩などが入った、色鮮やかで素材のうま味が生きたごちそう汁。地元では冠婚葬祭や正月など、人が集まる場で食べるという。

普通はこづゆで米を炊き込むことはない。だが黒澤さんは「正月は何日間もこづゆを食べるんですが、2日目以降のよく染みたこづゆはおもちに合う。だから絶対米でもいける」と思ったそう。米に合うというのはなるほど納得で、こづゆのうま味を吸った炊き込みごはんは上品な風味。貝柱や野菜そのもののうま味が染み込んでいるのが印象的だ。

こづゆにはたくさんの乾物が使われている。特にこづゆに欠かせない干し貝柱は北海道からやってきたもの。浜通りや中通りは太平洋の海の幸が手に入るが、内陸に位置する会津地方は河川を通じて海のものを手に入れていた。会津を流れる阿賀川は日本海とつながっているため、新潟の海産物商が北前船で新潟港に入った北海道の乾物を会津まで運んで

「植物って素直でかしこいの」と語る二三子さん。色んなタイプの油味噌をおむすびで味わった。

きていた。この貴重なタンパク源がハレの日のごちそうになった。

季節の野菜を炒めて味噌に絡めておむすびの具材に

次に訪ねたのは会津の山間地、西会津町の米農家、鈴木二三子さん。二三子さんは、身の回りの自然を観察して天気を読み、米作りに生かしてきた経験から、地元では〝お天気母さん〟と呼ばれている。二三子さんが教える郷土食は、会津で貴重な食糧でもあった味噌を使ったもの。会津では、飢饉などに備えて3年分の味噌を蓄えていた時代もあったそう。その味噌を使った「油味噌」はそれぞれの家庭で常備されている。

季節の野菜を炒めて味噌と合わせ、好みで砂糖を少し加えて味を調えたら、もう完成。おむすびとの相性も抜群だ。味噌と野菜の優しい塩味と甘さで、サラッとごはんが進んでいく。よく使われる野菜はネギやナスだが、自宅で作るなら冷蔵庫の半端野菜でまとめて作るのもいい。

ほかの会津の郷土食として印象的だったのは「みかきニシンの山椒漬け」。ニシンのうま味みやほろ苦さとサッパリした山椒や酢の味つけがマッチしている。田植えやお祝いの席で食べられてきたという。

日常の食事は質素堅実に。けれど美食への好奇心は忘れず、ハレの日は地域内外の食材をうまく取り入れていく。そんな会津の人たちの暮らしぶりに触れられた時間だった。

関東

栃木県／群馬県
茨城県／埼玉県
東京都／千葉県
神奈川県

日本のおむすび

関東／08

栃木県

おむすび
15

お母ちゃんの山椒の天むす

作り方

①米を通常炊飯し、炊きたてのごはんにAを加えて混ぜて、おむすびを結ぶ。塩味が足りない場合は塩（分量外）で加減する。

山椒は、熱した油にサッと散らしてダマにならないように揚げていく。

材料（6～8個分）

米……2合

A 山椒の葉の佃煮……60g

A 山椒の葉の天ぷら（山椒の葉に衣をつけて揚げたもの）……50g程度

下準備

山椒の葉の天ぷらを揚げて、新聞紙に挟んで上から押しつぶすなどして細かくする。

おむすび
16

栃木の生味噌のおむすび

材料（1個分）

温かいごはん……………………茶碗1杯弱
米味噌……………………………10g弱

作り方

①温かいごはんで薄い太鼓形のおむすびを結び、表面に味噌を塗る。

ごはんが炊き上がったらすぐにおむすびを結んで味噌を塗ると、香りが立っておいしく食べられる。

日本のおむすび

関東／ 08

栃木県

雪子さんは自宅の近くに生える おいしい山椒を土産に、「ホルモン末広」に通い続けた。

山椒を揚げて爽やかなコクを出した秘伝のレシピ

栃木の旅で訪れたのは足尾銅山があったことで有名な日光市足尾町。ここの飲食店「ホルモン末広」は、「お母ちゃん」と呼ばれて親しまれていた戸川ヨシイさんが95歳で亡くなるまで現役で働き続けた店だ。鉱山の労働者に愛され、閉山後も安くておいしいホルモンを出し続けた。

そんなお母ちゃんが地元の消防団に裏メニューとして出していた「山椒ごはん」。栃木で食べられている山椒の若芽の佃煮を使ったものだ。その山椒ごはんのレシピを引き継いだ山本雪子さんに作り方を教わった。雪子さんはお母ちゃんの山椒ごはんの評判を聞きつけ、店に通い続けた。何度も通ったころ、お母ちゃんから「食べてみるか？」と声がかかり、その味に感動。レシピを学んだ。

そんな大切なレシピを一緒に作ったが、思いのほか手間がかかって驚いた。まずは山椒の若芽を塩で炒ってアクを抜く。その後、山椒の半量を醤油でサッと炊いて佃煮に。残り半分の若芽の塩炒りは天ぷらに。熱した油にサッと散らしてダマにならないように揚げ、新聞紙などで山椒の天ぷらを挟んで上から押さえつけながら割って、さらに細かく砕く。

醤油で炊いた山椒と天ぷらにした山椒を、炊きたてのごはんに混ぜて醤油や塩で味を調えたら完成だ。山椒を揚げることで爽やかさと同時にコクも出ておいしい。コッテリとしたホルモンにもピッタリと合う。

お正月の余った食材を使い切る郷土料理のしもつかれは、地元の女性たちが守ってきたレシピだ。

炊きたてのごはんに生味噌を沿えたらごちそうに

次に訪れたのは大田原市。地元で和紅茶の生産をしている屋代幸子さん、屋代ゆき子さん、お米農家の西岡智子さんが迎えてくれた。ここでは生味噌むすびと、栃木の郷土料理「しもつかれ」を教わった。

その場にいるみんなが普段からよく食べると言った生味噌むすび。「赤飯にもお味噌を添えるし、何でも味噌を合わせますね」とのこと。畑作が多かった栃木では大豆が豊富に採れていたことから、昔からよく味噌や納豆を食べていたようだ。ポイントは、炊きたてのごはんでおむすびを結び、温かいうちに味噌を塗ること。おむすびの熱で味噌の香りが舞っているうちに頬張るとおいしい。

もう一つがしもつかれ。変わった名前のこの郷土食は、お正月で食べた新巻鮭の余った頭部分、節分で使った大豆、越冬するために保管していた大根やニンジン、そして酒粕を一緒に煮込んだもの。

「本当なら捨てるはずの食材を使っているんです。食べ物を大事にする先人の知恵は残していかないと」とゆき子さん。2月初めの初午《はつうま》の日にしもつかれと赤飯を藁苞《わらつと》に盛りつけてお稲荷様にお供えすることが風習なのだという。

厳しい冬が明ける直前、食材の少ない時期に神様に喜んでもらい、家族も栄養があるものを食べられるように工夫した料理なのだ。

日本のおむすび

関東 / 09

群馬県

おむすび 17

カリカリ梅おこわのおむすび

枝豆やちりめんじゃこ、白炒りゴマなどを加えてもおいしい。

作り方

①洗ったもち米を炊飯器に入れ、水とAを加えて炊く（もち米はうるち米よりも水が少なくてOK。米と同量の水で炊くか、炊飯器のおこわ目盛に合わせて炊く）。

②カリカリ梅を刻んで炊いた米に混ぜる。

③梅おこわでおむすびを結ぶ。

材料（6〜8個分）

もち米	2合
水	360ml
A 酒	小さじ2
A 塩	小さじ½
カリカリ梅	5個程度

おむすび
18

梅びしおのおむすび

材料（1個分）

温かいごはん ……………… 茶碗1杯弱
梅干し（甘みが添加されていないもの、種を外した状態で） 200g
砂糖 ……………… 100g
赤梅酢 ……………… （あれば）大さじ1

作り方

①梅肉を包丁で細かく叩く。
②梅肉と砂糖を鍋に入れ、混ぜて弱火にかける。
③火が通りとろりとしてきたら赤梅酢を加える。
④完成した梅びしお約10gをごはんに混ぜ込み、おむすびを結ぶ。
これに青シソを巻いてもおいしい。

※梅びしおは適量を具材に使うだけ。余った分は常備菜として活用できる。

梅びしおを混ぜ込んでいくと、ごはんがピンク色に染まっていく。

梅農家のゆみちゃんは、「無添加の梅は高すぎて食べられない」という妹のために無農薬の梅作りに挑戦した。

炊いたもち米にカリカリ梅を加えておこわに

群馬の旅は一通のメールから始まった。２０２１年に安中市の秋間梅林で梅農家となった黛《まゆずみ》若葉さんから「後継者もいない中、この地を残したいと思っています」という思いがつづられていた。

訪れたのは秋間梅林の中で一番梅干しの生産量が多い鍔《つば》田《た》由美子さん（通称、ゆみちゃん）の畑。ゆみちゃんはとても手間がかかる無農薬の梅を栽培している。「アレルギーのある妹のために無農薬に挑戦したのよ。無農薬だと傷もあるから、お父さんからは反対されたんだけど、商品化したらお客さんが買ってくれてね」。

秋間梅林では梅の花の季節に、農家の女性が営む料理店が11軒開店する。秋間梅林観光協会の会長を務める土取ひろみさんの「観梅食堂」もそんな一軒だ。ここで梅を使ったおむすびレシピを教わった。

おむすびは梅三昧。ゆみちゃんの無農薬梅干しのシンプルなおむすびや、群馬で誕生したカリカリ梅を使ったおこわのおむすび、梅干しと砂糖を炊いた「梅びしお」を混ぜ込んだおむすび。一言で梅といっても、ここまで個性豊かなレシピがある。カリカリ梅おこわのおむすびは、もちもちカリカリの二つの食感が楽しく、サッパリとした味で、おこわなのに重くなく食べやすい。ほんのり甘い梅びしおは、梅干しを食べきれないときなどに作っておくと、料理で重宝するだろう。

秋間梅林では梅の花の時期になると、農家の女性が営む料理屋が11軒もオープンし、梅を使った郷土食が楽しめる。

時短効果抜群！
野菜と麺を一緒に食べる「おきりこみ」

群馬の郷土食「おきりこみ」についても教えてもらった。たっぷりの野菜と幅広い麺を一緒に煮込む料理だ。今では地元でも市販の麺を使うことが増えているが、土取さんは「昔から食べ続けている味だから、買ったものはなんか違って」と店で出す麺を手打ちしているのだそう。「梅の収穫時期で忙しいときには、家庭でもよくおきりこみを作るんです。野菜と麺を一緒に食べられるから効率がいいんです」という。

おきりこみに限らず、群馬は粉もの料理が多い。冬の空っ風の吹く群馬は日照時間が長く、湿度も低いため小麦を育てるのに適している。だから麺類やまんじゅう、おやきなど、さまざまな粉もの料理が発展した。

稲作に適した土地が少なかった群馬では、芋類も、小麦や雑穀以外に主食として重宝されていた。特に里芋は昔からよく食べられていたそうで、土取さんの店の人気メニューの、炭火でじっくり焼いた里芋に味噌だれをかけた「芋ぐし」もかつては家庭で食べられていたものだった。

群馬を象徴する言葉、「かかあ天下と空っ風」とは、単に妻が夫より強い権力を持っているという意味ではなく、懸命に働く妻を見て男性同士が自分の妻を自慢しあったことに由来しているのだそう。秋間梅林で柔らかな強さを持った女性の姿を振り返り、その由来にうなずいた。

日本のおむすび

関東／10

茨城県

おむすび
19

小豆玄米のおむすび

作り方

①玄米と小豆を洗い、一晩浸水しておく。
②浸水した玄米と小豆の水を切り、炊飯器の釜に入れて玄米用の目盛りより少し多め（大さじ2～3程度）の水加減にする。
③塩を入れて玄米モードで炊飯し、炊けたらおむすびを結ぶ。小豆の硬さが気になる場合は保温モードで少し時間を置く。

材料（6～8個分）

玄米 ……………… 2合
小豆 ……………… 大さじ2
塩 ……………… 小さじ½

茨城では大豆だけでなく、小豆を使った郷土食も多く存在する。

おむすび
20

菊水食品の納豆むすび

材料（1個分）

温かいごはん……………………茶碗1杯弱
お好みの菊水食品の納豆※……………適量
塩………………………………………………適量

※オススメは「いばらき農家の納豆」「奇跡の納豆」

作り方

①納豆を具材に、少し多めの塩でおむすびを結ぶ。海苔を巻いてもおいしい。

菊水食品の納豆は、同社の通販サイトからで購入できる。
https://shop.kikusuigold.com

納豆の出来上がる工程を見学しながら菊池さんの納豆にかける思いを聞くと、一層愛着が湧いてきた。

健康食ではなく、おやつとして楽しめる納豆

茨城で取材したいと思っていた納豆。今回は納豆に人生をかけている人に出会うことができた。向かったのは、茨城県日立市にある食品メーカー「菊水食品」。3代目の納豆研究家、菊池啓司さんが迎えてくれた。

「とりあえず納豆造り、体験してみるか？」と白衣をまとって納豆工場へ。大きな圧力釜に近づくと豆の香りが漂う。大豆が熱いうちに納豆菌を振り、容器に豆を盛ったら発酵室で一晩。こうしておいしい納豆が出来上がる。菊池さんは原料の大豆にとてもこだわっている。

「40年前、父親が倒れて家業に携わるようになったんだけど、納豆造りを教わったこともなかったから3年間、寝ずに研究してようやく納豆らしいものができてきたんだけどさ。そこからが本当の研究。さらに10年かけて本当においしい納豆造りを目指してきたわけ」と語る。

その中で違和感を持ったのが大豆について。「原料にこだわるって決めて、国産1本でいくことにしたの。それも健康のために我慢して食べるんじゃなく、おいしくておやつでも食べたくなるような納豆が造りたかった。こだわるほど商品の値段は上がるから、一時は売り上げが100分の1まで落ち込んだし、4回くらい倒産しかかった」という。

納豆造りへの熱意を聞くほどに、私は納豆が食べたくて仕方のない口になっていった。「納豆の豆の取り引きをしている農家さんが米も育て

「まったり〜村の小さな農園」で菊水食品の納豆むすびを菊池さんらと食べ比べた。

ているので、そちらで納豆おむすびを作りましょう」ということで「まったり〜村の小さな農園」の北山弘長さん、郷子さんご夫婦の元へ。

塩が豆の甘さを引き出すまったり濃厚納豆むすび

築300年の古民家で暮らす北山さんご夫婦は、常陸太田市の里山に移住して有機農業や農家民泊などを営んでいる。在来種の豆も多く育てており、菊水食品の「いばらき農家の納豆」シリーズでは北山さんもいばらき農家の一軒として豆が使われている。

北山さんが準備してくれたのは、小豆入りの玄米ごはん。茨城では、特産のレンコンと小豆を合わせた「小倉レンコン」など、小豆を使った郷土食が多い。プチプチとした食感が楽しい小豆ごはんに、北山さんお手製の梅干しやゴマ塩を合わせておむすびに。もっちりしたもち米の赤飯と違って、玄米小豆ごはんは香ばしさも感じられる。塩味ともよく合う。

北山さんの育てた豆を使った納豆おむすびも。おむすびの具材として食べやすいよう、納豆はほとんどかき混ぜず、味つけは塩のみ。ふっくらまったり濃い味の納豆がごはんに程よく絡まって塩が豆の甘さを引き出してくれた。家庭で作るときも納豆を混ぜすぎないのがポイントだ。

食べ物の裏側にある思いやこだわりに出合うと好きの深みが増す。そんな喜びに気づかせてもらった時間だった。

日本のおむすび

関東／11

埼玉県

おむすび
21

いがまんじゅう

作り方

①小麦粉をふるいながらボウルに入れ、砂糖、ベーキングパウダーを加えてよく混ぜる。

②①に少しずつぬるま湯を加え、耳たぶくらいの柔らかさになるまでこねる。

③全体がまとまったら生地を五等分し、濡れ布巾をかぶせて10～15分ほど寝かせる。

④③に打ち粉をして10cm径まで綿棒で丸く伸ばす。

⑤④の生地一つにつき、あんこを20gずつ入れ包み、一つずつクッキングシートにのせる。

⑥⑤を蒸気が上がった蒸し器に入れ、中火で10分蒸す。蒸し器が2段以上あるなら、空いている段で赤飯を蒸すと仕上がりがふっくらする。

⑦蒸し上がったまんじゅう一つにつき赤飯40gをのせ、周りを覆うように包む（ラップに赤飯をのせ、その上にまんじゅうをのせるとやりやすい）

材料（5個分）

赤飯……200g
小麦粉……70g
砂糖……30g
ベーキングパウダー……3g
ぬるま湯……20～30ml
あんこ（粒あんかこしあんはお好みで可）
……100g

おむすび
22

雑穀塩むすび

材料（6～8個分）

米……2合
好みの雑穀※……30g
塩……適量

※米に対して1～2割の雑穀が目安。最初は1割から始めるのがオススメ。

米の分量の1～2割を好みの雑穀を加えて炊飯するだけなので、家庭でも簡単に再現できる。

作り方

①洗った米を炊飯器に入れ、炊飯器の目盛り通り水を加える。そこに雑穀と雑穀の2倍の量の水を加えて炊く。
②手に塩をつけておむすびを結ぶ。

いがまんじゅうは、キヤッセ羽生のほか加須市や羽生市、鴻巣市の和菓子店で購入できることがある。

赤飯むすびの中にあんこ？ 謎のまんじゅうおむすび

埼玉の郷土食は小麦を使った料理が多い。日照時間が長いため小麦作りに適し、「朝まんじゅう、昼うどん」という言葉があるほど粉もの文化が浸透した地域なのだ。では、地元に愛されるおむすびはあるのか。最初に出合ったのはホカホカで大きめの「赤飯むすび」……かと思いきや、一口頬張ると中から出てきたのはあんこ入りのまんじゅう！

赤飯のモチモチにまんじゅうのフワッと感、そしてあんこの甘さ。同時に味わったことのない食感と味に最初は驚いた。けれど段々病みつきになる。ごはんとおやつを同時に食べているような背徳感もある。

羽生市の郷土食「いがまんじゅう」は食事になりそうなほどボリューム満点。おむすびではないが、埼玉らしい小麦と米を混ぜた料理だ。

レシピを教えてくれたのは、「キヤッセ羽生」の市場でいがまんじゅうを手作りしている「コスモス工房」のお母さんたち。朝早くからあんこを炊いて、赤飯を炊いて、まんじゅうを作って、まんじゅうの周りに赤飯をまぶして蒸しあげる。とても手間がかかるのだ。

もとは、ほかの地域に嫁いだ女性が羽生市に里帰りをした後、嫁ぎ先に戻るときのお土産として持って帰ったり、お盆に帰省した家族に向けておばあちゃんが作ったりしていたそう。「この辺りはもち米が貴重だったから小麦を使ってカサ増ししたらしいんだけど、きっと昔の人もお

互いに学び合い有機農法が広がった小川町。岩崎さんも先輩農家から教えてもらったり種を譲ってもらったりしている。

いしいもの同士をくっつけたんじゃない？」とお母さんたちは笑う。

いろいろな雑穀を炊き合わせて結ぶ

次に訪れたのは小川町。日本の有機農業の第一人者である「霜里農場」の金子美登《よしのり》さんが熱心に有機農業に取り組んだことで、今では町全体が有機農業の里と呼ばれている。

日本全体の有機農法の比率は0・6％なのに、小川町は19％。そんな環境の小川町で雑穀を中心に農業を営み、雑穀の料理教室を開催する岩崎信子さんを訪ねた。「小川町には学び合い、教え合い頼り合えるつながりがあるんです」と岩崎さんは明かす。

今回、岩崎さんには埼玉在来種のもちきびなど、雑穀を使ったさまざまなおむすびや料理を教えてもらった。中でも最もシンプルで印象的だったのが、雑穀を炊き合わせた塩おむすびだ。好みの雑穀を白米に対して1～2割混ぜて炊くだけ。プチプチとした食感が楽しく、体にいいだけでなく、おいしさも楽しめるのがうれしい。

米を育てづらい土地だった小川町は、昔から麦や雑穀を育てていた。雑穀はそれぞれ食感も違えば栄養価も異なる。穀物中心の食事をしていた日本人にとって雑穀ごはんで栄養をとることは理にかなっていたのだろう。粉食主体の地域でもその地域ならではのおむすびが根づいていた。

日本のおむすび

関東／12

東京都

おむすび
23

江戸前海苔の佃煮むすび

「江戸前一番摘み生のり佃煮」は次のURLから購入できる。
https://shop.enchu-food.com/?pid=173471812

材料（1個分）

温かいごはん …… 茶碗1杯弱
江戸前一番摘み生のり佃煮 …… 10g程度
塩（おむすびを結ぶときに使用） …… 適量

作り方

①佃煮を具材にしておむすびを結ぶ。
※海苔の佃煮とクリームチーズを半々で合わせて具材にするのもオススメ。

おむすび
24

ツナと塩こうじのおむすび

材料（6〜8個分）

米……………………………………………… 2合
A ツナ缶（油や水気は切る）………………… 1缶
A ショウガの千切り ……………… 大さじ1程度
A「塩こうじ仕立てザ・ワンナイト」…… 大さじ1
塩……………………………………………… 適量

「塩こうじ仕立てザ・ワンナイト」
は次のURLから購入できる。
https://shop.kouji-ya.co.jp/portfolio-item/one_night/

作り方

①米を洗って、炊飯器の目盛りに合わせて水加減し、Aを加えて炊飯する。
②少量の塩でおむすびを結ぶ。海苔を巻いてもおいしい。

宮島さんは、東京湾の海苔をはじめ、江戸前の食材を積極的に使って商品を製造しているという。

東京湾で採れた佃煮を具材にする江戸前むすび

徳川家康が江戸幕府を開いたのとほぼ同じ頃に佃煮文化が花開いた。それから現在まで、佃島やその周辺には数多くの佃煮店がある。おむすびの具材としても定番の佃煮。その真髄を学ぶために訪れたのは、百年以上の歴史がある佃煮店「遠忠食品」だ。

3代目の宮島一晃さんは佃煮に江戸前の海苔を使っている。「東京湾は僕にとっての〝前浜〟なんでね。でも僕が継いだ頃は江戸前海苔を佃煮に使うところはほとんどなかった。漁師のところに何度も通うようになって、ようやく分けてもらえるようになったんです」と明かす。

漁師との信頼関係を築いて完成した江戸前海苔の佃煮は遠忠食品の人気商品。東京湾で海苔が育つことを商品を通して知る人も多いという。「東京湾を生産地と思う人は少ないんですが、地元で育ったものを食べることで暮らしと自然が循環していると知ってほしいんです」

宮島さんが手がける佃煮は、昔ながらの直火炊きで香ばしくふっくらとシンプルな調味料で、海苔の風味を生かして仕上げる。実際、おむすびの具材にこの佃煮を使ってみるとお米の甘さがグッと引き出される。味変でオススメなのはクリームチーズとの組み合わせ。まったりとしたクリームチーズと海苔のうま味や醤油の香ばしさが絶妙にマッチする。佃煮を買って食べきれないときには試してほしい。

味噌は地域性が出やすいが、「さまざまな地域の人が集まる東京だからこそ生まれる特徴もある」と辻田さん。

塩こうじを一緒に炊いたらごはんが生まれ変わった

「糀屋三郎右衛門」は１８０年以上前に茨城で創業し、およそ85年前に練馬区に移転して味噌蔵を構えた。

蔵に入るなり芳醇な香りに包まれる。年季の入った木桶が並ぶ蔵の中で長い間、菌が棲み続けてきた気配を感じる。「都内に味噌蔵のある味噌屋は多分うちだけです。糀から手作りして木桶で味噌を仕込む味噌蔵は全国的にも珍しいんです」と8代目の辻田宥樹さん。「東京は全国から人が集まる。だからこそ、どの地域の人が食べても受け入れられやすいのが東京の味噌の特徴です。とはいえ、地方の味噌のまねをしてもダメで、先代の頃からうちの蔵らしい味を追求しています」

糀から作った塩こうじや甘酒も糀屋三郎右衛門の人気商品だ。そこで今回は、この蔵の糀と味噌にハマって20年以上の常連客となり、最終的にはスタッフになったというマサヨさんから、塩こうじを使ったオススメのおむすびレシピを教わった。

おいしく仕上げるポイントは塩こうじを入れて米を炊くこと。するとほんのり塩味が加わって米のおいしさが引き出されるのだという。今回の具材はツナにしたが、トウモロコシごはんなどとも相性抜群だ。

自給率１％の東京。それでもこの１％の中には、歴史ある食文化や生産現場が残っている。

日本のおむすび

関東／13

千葉県

おむすび 25

ごんじゅう

鰹節がパリパリになるまで空炒りをして香りを出していくのがポイント。

材料（6～8個分）

温かいごはん	2合分
豚バラ肉	200g
油揚げ	75g
鰹節	25g
A 砂糖	20g
A 醤油	40g
A 酒	20g
A 水	60g

作り方

①油揚げに熱湯をかけ、油抜きしておく。
②①の油揚げと豚バラ肉を1cm角に刻む。
③鰹節をフライパンで空炒りする。
④小鍋に、②の油揚げと豚バラ肉、Aの調味料、鰹節の半量を入れて、汁気がなくなるまで煮る。
⑤ごはんに④の具材と残りの鰹節を入れて混ぜ、おむすびを結ぶ。

おむすび
26

多古米の塩むすび

材料（6〜8個分）

多古米 …………………… 2合
塩 …………………… 適量

作り方

①多古米を炊き、塩むすびを結ぶ。

幻のお米の多古米だが、多古町内にある道の駅やネット通販などで購入できる。

日本のおむすび

関東／ 13

千葉県

食べ応えのある具材を結んだ大きなごんじゅう。レシピを受け継いだお母さんたちが教えてくれた。

怪獣のようなスタミナおむすび「ごんじゅう」

すごく強そうな名前のおむすびが千葉にあるらしい。その名も「ごんじゅう」。一体、どんなおむすびなのだろうか。

茅葺き屋根の古民家「ろくすけ」で出迎えてくれたのは、千葉の郷土食に詳しいNPO法人「千葉自然学校」の遠藤陽子さんと、ごんじゅうのレシピを地元で受け継いだ相楽さん、船戸さんだ。

早速台所へ向かうと、豚バラ肉と油揚げ、鰹節が用意されていた。鰹節がパリパリになるまで空炒りして香りを出す。その後、豚バラ肉と油揚げを合わせて甘辛く炒め煮にし、炊き立てのごはんに混ぜ込む。ごんじゅうは大勢で食べる風習だったようで、今回もかまどで1升の米を炊いた。この混ぜごはんをおむすびにしたら完成だ。

豚肉の脂でツヤをまとったおむすびを頬張ると、鰹節の香りが広がり、豚肉や油揚げが甘辛い味つけにコクを加えて満足感がすごい。

ごんじゅうは出雲参りの安全を願って出発時に食べた料理だという。現代でも鶴谷八幡宮例大祭「やわたんまち」で神輿をかつぐ男衆に振る舞われている。ごんじゅうの名前の由来は、「右手の5本指、左手の5本指、合計10本の指で握るからごんじゅうって聞いたことがあるね」とのこと。両手いっぱいに結ぶ大きなごんじゅうはボリューム満点。スタミナが必要なシーンに活躍しそうなレシピだ。

多古米を生産する父親を見て育ったという萩原さん。小学校の頃には「農業を継ぐ」と決めていたそう。

知る人ぞ知る幻の米、多古米の塩むすび

次に向かったのは香取郡の多古町に暮らす米農家の萩原宏紀さん。多古町の土は粘土質で稲作に向いており、美しい水にも恵まれているため、弥生時代から稲作が盛んだった。この地で育った「多古米」はあまりにもおいしく、地元の人だけで食べ切るため、なかなか町外には出回らない幻の米。江戸時代には幕府に献上されていたという話もある。

今回はそんな多古米の味を生かした塩むすびを作ってみた。すると、多古米のふっくらとした甘みが感じられる絶品の仕上がりに。ちなみに塩むすびで米の甘さを引き出すときは、天然塩を指の腹3本分でしっかりとつまむくらい使うと、ちょうどいい塩梅になる。

米の産地といえばつい新潟や秋田、山形を連想するけれど、実は千葉でもこんなにおいしい米が育っているのだ。町民の誇りでもある多古米だが、「農業は儲からない」と言われて後継者不足に苦しんでいる。「親にも、米を育てても儲からないと言われましたね。だから農家をやめようとは思わなかったけれど、何とか農業の暗いイメージは払拭したいと思っているんです」と萩原さんは語る。

千葉の隠れた米の名産地。多古米を育んできた先人や萩原さんたち生産者の情熱が、これからも未来に向けて代々続く「幻の米」を守っていくのだろう。

日本のおむすび

関東／14

神奈川県

おむすび 27

ハマグリのおむすび

酒蒸ししたハマグリと、酒蒸しする中で出た濃厚な出汁を使って米を炊いていく。

材料（6～8個分）

米	2合
ハマグリ	6～8個
日本酒もしくは料理酒	100ml
海苔	6～8枚
塩	適量

作り方

①ハマグリを酒で酒蒸しにして、貝の口が開いたら火を止める。

②酒蒸しで出た出汁の粗熱をとる。

③洗った米を炊飯器にセットして②の出汁を加える。炊飯器の目盛りまで水も加えて炊飯する。

④ハマグリの身を殻から外し、ハマグリを具材にして控えめの塩でおむすびを結び、海苔を巻く。

おむすび
28

シラスとスダチのおむすび

材料（3〜4個分）

温かいごはん	300g
シラス	45g
スダチ	1個
シソの実もしくは大葉	適量
A 白炒りゴマ	小さじ2
A ゴマ油	大さじ½
A 薄口醤油	小さじ1弱

作り方

①温かいごはんにシラス、スダチ果汁、シソの実（もしくは刻んだ大葉）を加えて、サックリと混ぜる。好みでスダチの皮を削って入れてもいい。

②Aで調味しておむすびを結ぶ。

③スダチのスライスやシラス（分量外）をおむすびにあしらう。

スダチの皮を削って加えると、さらにさっぱりした風味になる。

日本のおむすび

関東／14

神奈川県

巨大なハマグリたち。中丸さんの漁師道具は地域のつながりに助けられて、ゼロからそろえたそう。

ハマグリの妖怪を頬張るように食べるおむすび

「え、ハマグリの妖怪?」。思わずそんな声が出る巨大なハマグリ。出合ったのは鎌倉の港町、腰越。モノレールの湘南江の島駅を降りて待ち合わせ場所に向かうと、こんがり日焼けした漁師の中丸潤さんがいた。

中丸さんは腰越で江戸末期から6代続く家に生まれた。先々代は漁師、先代の父親も鮮魚店を営んでいた。長く商社マンとして働いていた中丸さんも、父親の死をきっかけに41歳から漁師修業を開始。45歳のときに独立したという。

そんな中丸さんが初夏の鎌倉の海産物として準備してくれたのがハマグリ。見たことのない巨大なハマグリに驚いた。腰越では小さなサイズのハマグリは獲らない決まりなのだとか。

この巨大ハマグリを日本酒で酒蒸しにしたら、妖怪のような大きな身が姿を現した。クラクラするほど濃厚な出汁の香りが漂う。この出汁で米を炊き、出汁が染み込んだごはんでハマグリを具材にしておむすびを結んだら完成。

ハマグリを頬張るように食べてみると、プリプリのハマグリのうま味をごはんが受け止め、口いっぱいに広げてくれる。ハマグリの醍醐味である香りが、かみしめるごとに鼻から抜ける。大きなハマグリを具材にするのが難しいときは、おむすびの側面に添えて海苔で巻くといい。

紗代子ちゃんが、自宅の庭から見つけてきたシソの実も摘んでおむすびに入れる。即席の贅沢な食事会になった。

別の季節には伊勢海老なども楽しめるという。

夏に食べたいシラスとスダチのさっぱりおむすび

今回の旅では海辺の町である葉山町にも訪れた。皇室の御用邸があることでも知られる葉山は、環境の良さから移住者も多い地域。友人であり食養生研究家の塚本紗代子ちゃんもこの地を気に入り移住した。

葉山のおむすびを求めて訪れたのは、地元の食材を多く扱う食品スーパー「HAYAMA STATION」。この日は新鮮な地元のシラスとスダチが目に飛び込んできた。早速、これらの具材でおむすびを作ることに。

食材を台所に並べると、紗代子ちゃんが何やら閃いたようで、庭からシソの実を摘んできた。ごはんが炊けたら、スダチ果汁をギュッと搾り、スダチの皮も削ってさらに香りをプラス。シソの実やシラスも加えて醤油とゴマ油で味つける。仕上げにおむすびの上からもシラスをたっぷり盛りつけて、スダチのスライスでおめかししたら完成だ。

上品なシラスのうま味や爽やかな柑橘やシソの実に醤油やゴマ油のコクが加わって、即興ながらバランスの取れた味になった。

おむすび以外のお料理も楽しみ帰路につくと、車窓には夕陽に染まる海が——。

葉山に流れるゆったりと美しい空気を楽しむことができた。

中部

新潟県／富山県／石川県
福井県／山梨県
長野県／岐阜県
静岡県／愛知県

日本のおむすび

中部／15

新潟県

おむすび 29

さくら飯のおむすび

山古志こだわり屋の「大根味噌漬け」は長岡市のふるさと納税や、ショップへの直接問い合わせ（☎0258-59-2939）で購入できる。

材料（1個分）

温かいごはん……茶碗1杯弱
大根の味噌漬け……15g程度
白炒りゴマ……適量

作り方

①大根の味噌漬けは5㎜角程度に刻む。
②白炒りゴマと①を温かいごはんに混ぜて、おむすびを結ぶ。

おむすび
30

きりあいのおむすび

材料（1個分）

温かいごはん	茶碗1杯弱
大根の味噌漬け	300g
炒り黒ゴマ	60g
柚子皮	10g程度
砂糖	80～100g程度

作り方

①大根の味噌漬けを細かく刻む。
②炒り黒ゴマを潰す（難しい場合はすり鉢でする）。
③ピーラーでむいた柚子皮を細い千切りにする。
④①～③を混ぜ、砂糖を味見をしながら加えていく。
⑥⑤を15gほどごはんに混ぜ込み、おむすびを結ぶ。

黒ゴマは炒りたてだとさらにおいしい。きりあいは適量をおむすびの具材に使うだけ。余った分は常備菜として活用できる。

日本のおむすび

中部／ 15

新潟県

地元のお母さんたちが作った大根の味噌漬けを使って、シェフの将さんがおむすびを結んでくれた。

〝最後の侍〟が愛した味噌漬け混ぜごはんのおむすび

漬物のおいしさに目覚めた新潟の旅だった。訪れたのは、新潟県長岡市にある山古志村。美しい山あいの村で、傾斜地には棚田と棚池が広がり、錦鯉を育てている池が棚田とともに段をなしている。

世界中で大人気の錦鯉を生んだ山古志村。この地で鯉を育てていた目的は、当初は食用だった。山深い豪雪地帯のため冬は村から出ることが難しく、食糧の確保が大きな課題だった。そんな中、棚池を活用した食用の鯉が貴重なタンパク源となっていた。冬を越すための知恵として、野菜については味噌漬けが広がった。

「長岡市の食を突き詰めると必ず雪とともにある暮らしに行き着くんです」と教えてくれたのは長岡出身のシェフの鈴木将さん。郷土食を生かした料理を提供している。そんな将さんが、地元のお母さんたちが漬けた大根の味噌漬けを使って作ってくれたのが「さくら飯」だ。

大根の味噌漬けをみじん切りにしてごはんに混ぜたら完成。しっかり味の漬かった味噌の塩味とうま味が米の甘みを引き出す、シンプルながら最高の組み合わせの混ぜごはんだ。これをおむすびにして食べることもあるという。自宅で作るなら、大根の味噌漬けのみじん切りを少し粗くすると、米の甘みとのコントラストを楽しめる。

〝最後の侍〟として有名な長岡藩の家老、河井継之助も好んだという。

マサ子さんは、新潟県産の米のPRをするアイドルグループ「ライスガールズ」としても活動している。

庶民の執念から生まれた絶品のごはんのおとも

新潟市内では、お米界のアイドル「ライスガールズ」が大根の味噌漬けを使った郷土食を教えてくれた。招いてくれたのは、現役農家でありライスガールズとして活動する阿部マサ子さんだ。

自宅を訪れると、木製の道具で炒りたての黒ゴマを丁寧に潰していた。「『きりあい』を作り始めてるんよ。ゴマは潰した方が歯応えが残って香りも出るの」と阿部さん。きりあいとは、新潟で昔から愛されているごはんのおとも。黒ゴマを潰したら、長期発酵させた大根の味噌漬けを細かく刻んで、刻んだ柚子の皮や砂糖を加えて味を調えていく。

見た目は真っ黒。江戸時代、「農民が白米を食べている」とお上に目をつけられないよう白飯に黒いきりあいをびっしりと振りかけて食べたためだ。おいしいごはんを食べたい庶民の執念が、きりあいを生んだ。

きりあいを混ぜたおむすびを食べてみると、しっかりと漬かった大根の味噌漬けにゴマの香ばしさや柚子の爽やかな香りが加わって、永遠に食べられそう。ごはんが進むすべての要素を満たしているふりかけだ。白飯のうまさを引き出すきりあいの底力に驚いた。

長い冬を乗り越えるための味噌漬けだが、同時に「ごはんをおいしく食べたい」と願う庶民の執念も垣間見ることができた。

日本のおむすび

中部 / 16

富山県

おむすび 31

汐ブリのおむすび

汐ブリのフレーク「しおもんやのお惣菜　焼きほぐしセット」は次のURLから購入可能。https://shop.shiomon.com/item-detail/878189

材料（1個分）

温かいごはん……茶碗1杯弱

焼きほぐし 汐ぶり……10g程度

作り方

①汐ブリを具材にしておむすびを結ぶ。もしくは汐ブリを細かくほぐして、ごはんに混ぜておむすびを結ぶ。

※混ぜごはんにする場合は薬味を一緒に混ぜたり、具材にする場合は汐ブリとショウガ味噌を合わせたりしてもおいしい。

おむすび
32

やき

材料（1個分）

温かいごはん……茶碗1杯弱
梅干し……1個
塩……適量

作り方

①梅干しを具材にして、少なめの塩でおむすびを結ぶ。
②できれば炭火で、難しい場合はトースターなどで焼きむすびにする。

炭火でじっくりと焼くのが理想だが、自宅で再現する場合はトースターなどを使ってもいい

日本のおむすび

中部／ 16

富山県

緑が豊かだから富山湾の寒ブリが育ち、海の恵みを享受できることを浜岡さんが教えてくれた。

魚付林が育てた寒ブリのうま味をかみ締める

「富山って〝富む山〟って書くでしょ。昔からずっと山を大事にしてきたんだって思うよ」。富山の旅で最も印象に残った言葉だ。

富山を訪れるまで、海のイメージが強かった。事実、ホタルイカや白エビ、カニなど海の幸に恵まれている。だが同時に、富山市街地から臨む立山連峰も絵画のように美しい。あの山々あってこその富山なのだ。

それを深く理解させてくれたのが魚津市で干物を中心に扱う「ハマオカ海の幸」３代目の浜岡愛子さん。冒頭の言葉は浜岡さんのものだ。

店の目の前に広がる富山湾は、雨や雪の伏流水が海底から湧き出す豊かな漁場。日本近海に生息する魚は約３４００種と言われる中で、日本海には約８００種、富山湾だけでも約５００種が生息しているという。

昔から魚津の漁村で暮らす人々は、海に恵みを与えてくれる森林を「魚付林《うおつきりん》」と呼んで大切に守ってきた。そんな豊かな富山湾で育った寒ブリを熟成させた「汐ブリ」のフレークでおむすびを作った。一番脂がのっている冬のブリを塩でしめた後に、浜風で干すなどして、旬のブリを一年中おいしく食べられるようにしたのが汐ブリ。先人の知恵を引き継いだ食べ物だ。干物をおむすびの具にすることで、凝縮されたブリのうま味と塩味がブリの脂の甘さと米の甘さを引き出してくれる。

一口頬張るごとに、自然の循環とそれに寄り添って暮らしてきた先人

山菜採りの魅力を語るみつ子さん。ただ最近は、天候の変化で山菜の採れる時期も変わってきているとか。

に感謝の思いが湧いてくる。

囲炉裏でじっくり加熱したシンプルな焼きむすび

海を訪れたら山の話が出たので、続いて山で暮らす人々を訪ねた。迎えてくれたのは、南砺市で民宿を営んでいた米倉みつ子さん。

山仕事をするときに持って行っていたという梅干し入りの焼きむすびの「やき」を囲炉裏でじっくり焼きながら話を聞いた。

焼くときに崩れないよう、しっかりと握ったおむすびを丁寧に焼いていく。焼いたおむすびは包み紙に付かないから、山仕事に持って行くのに便利。海苔がなかなか手に入らない地域ならではの工夫だ。外はカリッと中はふんわり、二口目には自家製の酸っぱい梅干しが顔を覗かせると〝当たり〟を引いたような気持ちになる。

「山にあるもんで食べれんもんはごくわずか。特に春は山菜が出るがよ。フキノトウから始まってコゴミ、ゼンマイ。山は、ちょっと手をかけただけでいろんなものをくれるからありがたいね」とみつ子さん。

ただ最近は山の恵みを得ながら暮らす中で異変も感じているという。そういえば、富山湾では漁獲量が大幅に減っている魚種もあるという。

〝富む山〟とそれがもたらす〝富む海〟。豊潤な山と海の幸に恵まれた富山のおむすびが、これからも楽しめることを心から願っている。

日本のおむすび

中部 / 17

石川県

おむすび 33

赤シソのやくまま

囲炉裏でじっくりと時間をかけて焼くのが理想だ。

材料（1個分）

温かいごはん……茶碗1杯程度

赤シソ漬け（よく絞り刻んだもの）……大さじ½程度

作り方

①温かいごはんに刻んだ赤シソ漬を混ぜておむすびにし、少し冷ます。

②できれば炭火、なければトースターなどで軽く焼き目がつくまで焼く。

※白炒りゴマを混ぜてもおいしい。

おむすび
34

アゴ味噌のやくまま

材料（1個分）

温かいごはん……………………茶碗1杯程度
アゴ味噌……………………………………10g程度

作り方

①温かいごはんで白むすびを結び、少し冷ましておく。
②できれば炭火、なければトースターなどで軽く焼き目がつくまで焼き、アゴ味噌をのせる。味噌の表面を炙ってもおいしい。

「みい里山のあごみそ」は「里山まるごとホテル」の売店やふるさと納税などで購入できる。

やちばあは、おむすびのほかにも地元の郷土料理を教えてくれた。得意料理の白和えも味わい深い。

アゴの出汁がらのうま味を、囲炉裏を囲んでじっくりと

能登半島地震に見舞われる前に訪れた石川県。北陸は浄土真宗の信仰が篤いと聞いたことがあったが、能登半島でそれを実感した。

向かったのは、石川県輪島市の三井地区にある食事処「茅葺庵」。能登半島は海のイメージが強いが、ここは美しい田園風景が広がる。

茅葺庵で料理を振る舞うのは、能登で生まれ育った谷内《やち》信子さん、通称やちばあだ。今回はやちばあに地域の料理を教わった。

最初に作ってくれたのは、やちばあの得意料理だという季節の野菜をたっぷり使った白和え。この料理は、浄土真宗の開祖の親鸞《しんらん》が入滅した11月に行う「ほんこさん（報恩講）」でも振る舞われるという。お寺の行事では地元の人々が食材を持ち寄って精進料理のご膳を作る。

やちばあが教えてくれたおむすびは「やくまま」。囲炉裏でおむすびをじっくりと焼いていく。一種類は、刻んだ赤シソの塩漬けをごはんに混ぜておむすびにしたもので、もう一種類は白いおむすびを焼いて「アゴ味噌」をのせたもの。アゴ味噌は出汁をとるために使った焼きアゴを再利用している。「命はみんな平等だけえ大事にせなね」とやちばあ。

出汁がらといっても魚のうま味がしっかり生きている。アゴに限らず、カツオなどの出汁がらでも応用できる。出汁がらを軽く炒めて味噌を加え、好みで砂糖を足すだけ。食材をムダなく使える上に、簡単でおいし

いしりを使ったやくままも地元で食べられてきたおむすび。海の恵みを余すことなくいただける。

いから日常の食卓でも取り入れやすい。ぜひ試してもらいたい。

魚醤「いしり」をつかった焼きおむすびも

能登で愛されている魚醤「いしり」を使ったやくままを作ることもあるという。いしりも能登の海で獲れるイカを余すことなく使うために内臓を塩漬けにして作られたもので、「ありがたくムダなく食べる」という精神に基づいている。

「やちやち（せかせか）したらいかんでえ、じっくり焼かなあ」というやちばあの言葉に耳を傾けながら、囲炉裏を囲んで、ゆっくりじっくりおむすびが焼けるのを待つ。

「なにごとも全部、自分のことだって受け取れる世界になれば争うこともない。あるがまま全部ありがとうございますって思えれば、自分の命もそれ以外の命も大切にできる。だからこそ、親鸞様の教えを少しでも知ってもらうといい」と語るやちばあ。

能登には発酵食品をはじめとした郷土食が根づいている。もしかすると、親鸞の教えが残っているから、自然の恵みに感謝して生み出される郷土食が、続いているのかもしれない。２０２４年には震災に見舞われて心を痛めたけれど、困難に直面してもなお人々は自然に感謝し、自然とともに暮らしているのだろう。

日本のおむすび

中部／ 18

福井県

おむすび
35

おぼろ昆布の焼きむすび

別府さんにしか削れないおぼろ昆布を購入したい場合は、「竹紙昆布」で検索するといい。

材料（1個分）

温かいごはん……茶碗1杯弱
おぼろ昆布……適量

作り方

①温かいごはんでおむすびを結び、おぼろ昆布を全体に巻く。
②①をトースターで軽く焦げ目がつくまで焼く。

おむすび
36

敦賀真鯛の鯛飯むすび

材料（6～8個分）

米	2合
敦賀真鯛切り身	約200g
A 薄口醤油	大さじ2
A 酒	小さじ1
A みりん	小さじ1
昆布	10cm角1枚
ショウガの千切り	1片分
青ネギ（小口切り）	適量

作り方

①鯛の切り身に塩（分量外）を軽く振って皮目を炙る。
②米を洗い、炊飯器の目盛りまでAと水を加える。
③昆布、ショウガの千切り、①を加えて炊飯する。
④炊き上がりに青ネギを散らして混ぜ、おむすびを結ぶ。

日本のおむすび

中部 / 18

福井県

機械でも再現できない別府さんの削り。「だから注文が入る限り辞められないんです」と笑う別府さん。

削りたてのおぼろ昆布をこんがり焼いて味わう

敦賀市は港が栄えた町。古くから大陸との貿易が盛んで、江戸時代には北海道から西日本までを結んだ「北前船」の寄港地だった。この北前船で運んでいた代表的な食品の一つが、北海道で採れる昆布。北前船の寄港地には今でも昆布をよく食べる地域が多く、敦賀も例外ではない。

敦賀は「手すきおぼろ昆布」の発祥地で今もおぼろ昆布の職人が日本一多い地域だ。中でも現代の名工に選ばれた別所昭男さんを訪ねた。「じゃあ早速、削りましょうかね」と昆布を片足でグッと踏んで固定をし、四角い大きな包丁ですき始める。するとリズミカルにおぼろ昆布が生まれていく。もともと薄い昆布から何枚ものおぼろ昆布がとれる。「これが0・01㎜、これが0・1㎜」と角度を変えながら絶妙な手さばきで昆布の薄さを調整していく。「0・01㎜の竹紙昆布は私しか削れる職人がいないんですよ。機械でもできない」と別所さんは笑う。

別所さんに教わったのは、削りたてのフワフワおぼろ昆布を使ったおむすびだ。塩むすびを作って、外側にシンプルに巻くだけでもおいしいが、別所さんのオススメはおぼろ昆布を巻いたおむすびをトースターで焼くというもの。香ばしさが加わって、一層うま味が際立ってくる。おぼろ昆布は焦げやすいのでトースターと睨めっこをしながら、ほんのり焼き目がつくのを見計らうのがポイントだ。香ばしさを感じた後におぼ

中村さんによると、敦賀真鯛の名が知られるようになると漁師たちの意識も変わっていったそう。

ろ昆布がトロリととろけてうま味が広がるのがたまらない。

キュッと身の締まった真鯛の甘みが絶品のおむすび

若狭湾に面した福井の港町は、琵琶湖を通じて都との行き来が盛んだった。かつては朝廷の食を支える「御食国《みつけくに》」の一つとして、福井から都に塩や海産物を送っていたという。今も海産物に恵まれており、中でも敦賀は「敦賀真鯛」という真鯛の養殖が有名だ。敦賀真鯛をブランド化した第一人者、漁師の中村英樹さんを訪ねた。

「昔から真鯛を養殖してるけど、せっかく育てた真鯛がただの養殖と呼ばれるのは寂しかったんよね。何か名前をつけてあげたいってことで、敦賀真鯛って名づけたんよ」と中村さん。この地域は年中海水の温度が低く、魚がゆっくり育つ。だから鯛の身が締まっておいしくなる。

今回は、この敦賀真鯛を使った鯛めしをおむすびにした。事前に鯛の皮目を少し炙ることで臭みがなくなり、脂のうま味が引き立つ。漁師もオススメの一手間を、ぜひ試してみてほしい。出来上がったおむすびを頬張ると、身がキュッと締まった鯛から、甘く上品な脂がジュワッと口いっぱいに広がっていく。絶品だ。

古くから、海で獲れた海産物を都の人々が求めたのもうなずけるおいしさだ。交通の要所として栄えた町の底力を教えてもらった。

日本のおむすび

中部／ 19

山梨県

おむすび
37

味噌ピーナッツの焼きむすび

五味醤油の味噌は次のURLから購入できる。
https://yamagomiso.com

材料（1個分）

温かいごはん……茶碗1杯弱
甲州味噌……大さじ½
ピーナッツバター……大さじ½

作り方

①白むすびを結び、トースターもしくはフライパンで両面を軽く焼く。
②味噌とピーナッツバターを合わせたものを焼いたおむすびに塗り、味噌の香ばしい香りがするまでさらに焼く。

おむすび
38

納豆むすび

材料（1個分）

温かいごはん …………… 茶碗1杯弱
納豆（タレを混ぜたもの）………… ½パック
小ネギ（小口切り）……………… 適量
塩（おむすびを結ぶ際に使用）………… 適量
海苔 …………………………………… 1枚

作り方

①納豆とネギを混ぜたものを具材にしておむすびを結び、海苔を巻く。

「かにや銀座店」の住所は山梨県甲府市中央1-13-9。営業時間は17時～0時で、ご飯がなくなり次第終了（定休日は日曜と祝）。

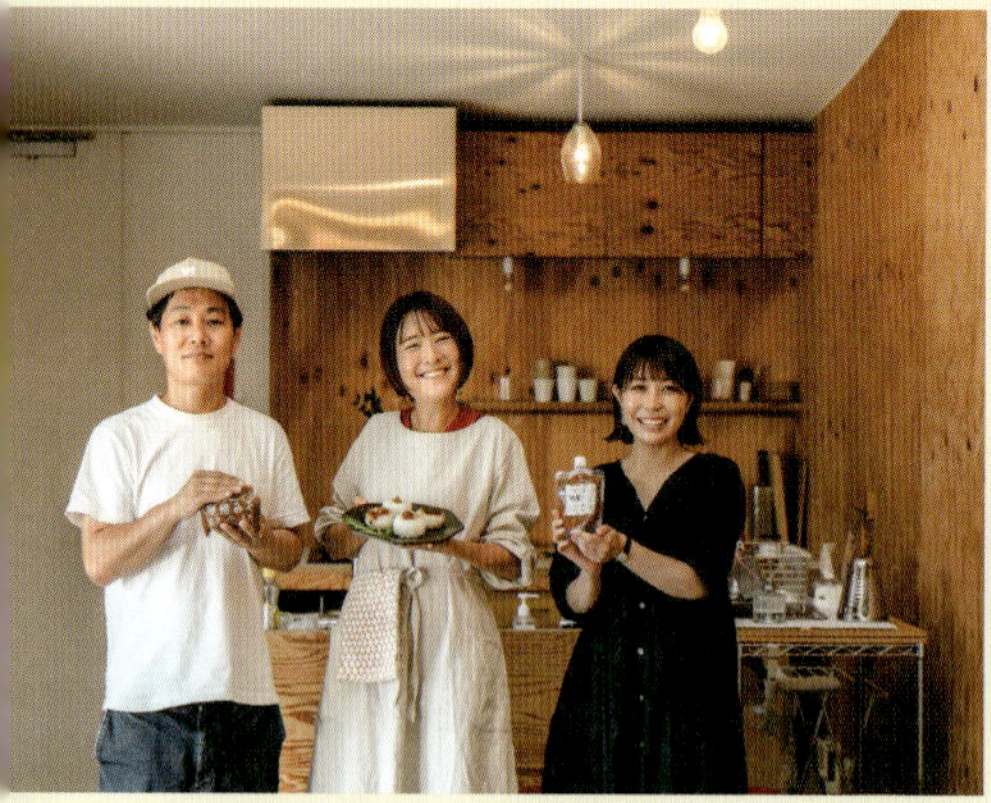

発酵兄妹の二人は歌を通して味噌作りを子どもに伝えたり、発酵がテーマのラジオ番組を持ったりしている。

味噌とピーナッツバターのマリアージュでコクうまに

山梨で会いたかったのは「発酵兄妹」。甲府で150年以上続く「五味醤油」6代目五味仁さんと妹・洋子さんのユニットだ。「歌って踊る味噌屋さんがいる」と評判になっていた。

五味醤油が作るのは山梨で昔から愛されている「甲州味噌」。甲州味噌は米こうじと麦こうじを混ぜて発酵させている。サッパリとしているのに甘みもあるのが特徴だ。甲府は狭い盆地で米作りに適さなかったため、足りない分を麦で補っていたのだという。

五味醤油の甲州味噌は、昔ながらの木桶仕込み。時間をかけて菌が育った味噌を使ったおむすびを教えてもらった。五味家の定番はシンプルな味噌焼きおむすび。コツは味噌に少しだけみりんを加えておむすびに塗って焼くこと。すると、香ばしい香りが食欲をそそるようになる。

さまざまな味の組み合わせにハマっている仁さんは、多様なレシピを教えてくれた。例えば、定番の味噌焼きむすびにピーナッツバターを加えたり、「発酵食品の組み合わせは間違いない」と能登の魚醤「いしる」と麦麹を組み合わせたり。ピーナッツバターと味噌の組み合わせでは、1対1の割合で混ぜておむすびに塗って焼いたら完成だ。ピーナッツバターの香ばしさやコクが加わって焼きおむすびの満足感が増す。甘すぎないピーナッツバターがオススメだ。

夜の飲食店が並ぶ甲府。小料理屋などで飲んだ人たちがシメのおむすびを求めて訪れるという。

発酵兄妹は、終始楽しそうに味噌の可能性を探究している。なにごとにもポジティブな姿勢に、私もいつの間にかファンになっていた。

飲んだ後に食べたい、塩気の強い〝シメのおむすび〟

夜の甲府の街で向かった先は、のれんにずっしりとした筆文字で「かにや」の文字のあるお店。まるで寿司店のような佇まいだが、ここは夜に営業しているおむすび店だ。カウンターのみの小さな店内に具材が並ぶショーケース、カウンターの奥には男性二人の姿がある。黙々とおむすびを結ぶお父さんと、テキパキと店内でオーダーを受けたり、電話対応をしたりする息子さん。親子二人がキビキビと働いている。

オススメは納豆とのこと。結びたてのおむすびは塩気がしっかりとしていて、お酒を飲みながら食べても味がボケない。むしろスイスイいけてしまう。具材は小粒の納豆に刻んだネギとタレを混ぜている。食べやすいよう納豆をかき混ぜすぎていないのもポイントだ。

味は納豆ごはんに近いけれど、おむすびにすることで塩や海苔が米と納豆の甘みを引き出してくれる。ホカホカで食べるのがおいしい。

甲府はお酒を楽しむ店の多い地域。「かにや」はこの地で、シメのおむすび店として開業し、おむすびを結び続けてきた。シメのおむすびという意外な文化がもっと広がることを期待している。

日本のおむすび

中部／20

長野県

おむすび 39

きな粉のおむすび

丸くて大きなおむすびを結んだ後、
きな粉をたっぷりまぶしていく。

材料（大きめ2個分）

温かいごはん	250g程度
きな粉	15g
塩	小さじ¼

作り方

①温かいごはんで平たい丸形のおむすびを結ぶ。
②きな粉と塩を混ぜたものをおむすびにまぶす。

おむすび
40

ソルガムのおむすび

材料（6〜8個分）

米……2合
ソルガムの実……20g
塩……適量

作り方

①ソルガムの実を水洗いして、1〜6時間ほど浸水させた後に水を切る。
②洗った米と浸水させたソルガムを合わせて炊飯器の目盛り通りに炊飯し、手に塩をつけておむすびを結ぶ。

米と合わせて炊くだけで、ほんのりピンクのソルガムごはんが炊き上がる。

「遊ぶといろんな人に出会えるじゃん。遊ばなきゃ！」と喜美子さん。豊作の祈りを込めておむすびを結んだ。

稲の成長に思いを込めた、黄金色の大きなおむすび

健康寿命の都道府県ランキングで、何度も一位になったことのある長野県。実際に訪れて、長寿の秘訣を垣間見た。

最初に向かったのは長野県飯山市。〝飯の山〟という、まるでおむすびを表現しているような地名のこの町は、名前に負けず、米どころの町として一面に田んぼが広がっている。地元のパワフルなお母さん、木原喜美子さんが迎えてくれた。取材時点でもうすぐ80歳とのことだったがとても元気で若々しい。

教わったのは田植えのときに食べていた「ごっつぉ（ごちそう）」のおむすびだ。丸くて大きなおむすびを結び、そこにきな粉をまぶしていく。「稲が黄金色に育ちますようにって思いを込めてきな粉をまぶすのよ。田植えのこびり（小昼＝おやつ）に食べてたねぇ」。大きな丸いおむすびに、塩を少し加えたきな粉をまぶす。意外な組み合わせに驚いたが、食べて納得。あんこの入っていないサッパリとしたおはぎのよう。

次に教わったのは煮もの。乾物のニシンと凍み大根や山菜などの煮物でも、「何で凍み大根を使うか分かる？　煮るときに水をたくさん吸う凍み大根のように、田んぼに水が入りますようにって願ったの」とのこと。煮ものにも野菜がたっぷり入っている。長野県は野菜の摂取量でも全国一だという。これも健康寿命に大きく寄与しているのだろう。

ソルガム（上）の存在を知ったことで農業を続けることができたと語るおばあたち。終始笑顔で元気だった。

栄養満点の雑穀を使ったピンクのおむすび

次に向かったのは長野市。最近、長野市で栽培に力を入れている雑穀があるという。その名も「ソルガム」。なんだか強そうな名前の雑穀が地域の課題を解決しているという。ソルガムの普及や、商品化を進めるAKEBONOの早川航紀さんに話を聞いた。

ソルガムはタカキビとも言い、世界五大穀物の一つで、日本には平安時代に伝来した。信州でも昔から育てられていたけれど、改めて今、その価値が再確認されている。ソルガムは農薬なしでも健康に育ち、水やりの必要がなく、特別な機械もいらない。そのため高齢者や農業初心者でも栽培を始めやすいのだ。さらに栄養価も高い。

そんな話をしていると、近くを通りかかったおばあ二人が合流。二人とも80歳を過ぎて農業を続けるか迷い、ソルガム栽培に救われたそう。

ソルガムを炊き込んだほんのりピンクのおむすび。ソルガムを軽く洗った後に少し浸水し、米と合わせて炊飯するだけ。プチプチとした食感が楽しく、クセがないので雑穀米の入門としてもオススメだ。白米だけで食べるよりも食物繊維やポリフェノールなどが加わり体にもうれしい。元気の秘訣は「土触って太陽さんあたってるから」という。

長野で出会った元気なおばあたちからは、まだまだ教えてもらえることがありそうだ。

日本のおむすび

中部／21

岐阜県

おむすび 41

赤カブ刻み漬けのおむすび

よしま農園の赤カブの漬物は次のURLから購入できる。
https://www.yoshima.net/item-sizenkizami.html

材料（1個分）

温かいごはん	茶碗1杯弱
赤カブ刻み漬け	15g程度
白炒りゴマ	適量

作り方

①温かいごはんに赤カブ刻み漬けと白炒りゴマを混ぜておむすびを結ぶ。

※刻み漬けとクリームチーズを1:1の割合で混ぜておむすびの具材にするのもおいしい。

おむすび
42

伽《きゃ》羅《ら》蕗《ぶき》のおむすび

材料（1個分）

温かいごはん……茶碗1杯弱
伽羅蕗……大さじ1程度
白炒りゴマ……小さじ½

作り方

①伽羅蕗を粗く刻む。
②温かいごはんに①と白炒りゴマを混ぜておむすびを結ぶ。

伽羅蕗はそのままおむすびの具材にしてもいいし、刻んで混ぜごはんにしておむすびを結んでもいい。

日本のおむすび

中部／ 21

岐阜県

「長年丁寧に使われてきた木桶だからこそ出せるお漬物の味がある」と語る与嶋さん。

かわいらしいピンクの正体は赤カブ漬けの刻み

岐阜を訪れたのは3月。県内でも冬が長く雪深いエリアに向かった。まず訪れたのは高山市だ。飛騨高山は城下町や商家町の古い町並みが残る人気の観光地。ここで昔から食べられているのが伝統野菜の赤カブを乳酸発酵させた赤カブ漬けだ。雪国の保存食として長く愛されてきた。

今回は赤カブを自然栽培で育てて漬物にし、販売している「よしま農園」を訪れた。漬物部屋に入ると年季の入った大きな木桶がずらりと並ぶ。「古いものだと百年以上使っている桶もあるんです。地元のお母さんたちが大きくて重たい桶を使えなくなったときに譲ってくれて。長年使われてきた木桶だから出せる味がある。この木桶が職人なんです」。愛おしそうに木桶たちを見つめる与嶋靖智さん。与嶋さんの漬物作りや農業では、木桶や米、野菜に同じ生き物として向き合っている。

そんな赤カブ漬けを刻んでごはんに混ぜたおむすびは、ピンク色に染まり、雪の中で春を待つ人たちの心を映し出したようだった。爽やかでうま味のある酸味が米の甘みを引き出していく。与嶋さんがオススメするのはクリームチーズとのかけ算だ。パンとも合うからおもしろい。

フキのほのかな苦味を甘辛い味つけで楽しむ

とき子さんには、おむすび以外にも、地元で長く愛されているすったて汁を教わった。

次に向かったのは、こちらもまた観光地として人気の高い白川村。白川郷の合掌造り集落は世界遺産でもある。白川村の地域食について教えてくれたのは新谷とき子さん。明るいお母さんで、お会いするなりおそろいの洋服を着せてくれてから取材スタート。まだ雪の残る中で、春を感じられる伽羅蕗《きゃらぶき》やエゴマ味噌のおむすびなど、山の恵みをうまく生かしたおむすびを教えてもらった。

伽羅蕗はそのまま具材にしてもいいし、刻んで混ぜごはんにしておむすびにしてもおいしい。フキのほのかな苦味と甘辛い味つけが印象的だ。伽羅蕗は白ごはんとの信頼関係をしっかり結んでいるのだと思う。

おむすび以外にも教えてくれたのが、古くから地域で愛されている水分量が少なく豆の味の濃い豆腐「石豆富」と大豆をすった「すったて」に出汁や野菜などを加えて味噌や醤油で味つけした「すったて汁」。

山の奥深い場所にある白川村では大豆が貴重なタンパク源で、日常からハレの日まで、さまざまな大豆料理が食べられてきたという。

「湧き水が豊富なところだから、石豆富も米もおいしいのよ。煮物でもここの水を使うと味が変わるよ！　私はね、なんでも山のものを上手にするのが好きなんよ」と、楽しそうに白川村の食について話してくれた。

岐阜で出合った雪に染まる日本の原風景はとても美しかった。ただ、「美しい」という言葉だけでは片づけられない「暮らし」がある。こうした暮らしの中で文化をつなぐ人々の姿にも美しさを感じた。

日本のおむすび

中部／22

静岡県

おむすび
43

サバの醤油干しのおむすび

ヤマカ水産の「正子さんの醤油干し“鯖”」は次のURLから購入できる。
https://yamaka-suisan.co.jp/products/正子さんの醤油干し-鯖

材料（3〜4個分）

正子さんの醤油干し“鯖”……………… 1枚
温かいごはん……………………………300g程度

作り方

①サバの干物を焼き、フレーク状にほぐす。
②温かいごはんに①を混ぜて、おむすびを結ぶ。
※お好みで白炒りゴマや、刻み青シソなどを加えてもおいしい。

おむすび
44

戸田塩の塩むすび

材料（1個分）

戸田塩 ……………………………… 適量
温かいごはん ………………… 茶碗1杯弱

作り方

①戸田塩で塩むすびを結ぶ。

戸田塩の会の「戸田塩」は次のURLから購入できる。
https://www.npo-hedashio.jp

日本のおむすび

中部／22

静岡県

一枚一枚丁寧に干物を作るゆうこさん。ヤマカ水産の干物は料理人のファンも多い。

サバの干物をほぐしてごはんに混ぜてパクリ

静岡では駿河湾に面する沼津市に向かった。沼津と言えば干物。特にアジの干物は日本で一番の生産量だ。

沼津での干物作りは江戸末期から明治初期が始まりとされていて、大正の初めまでは漁師が売れ残った魚を干して自家用にしていた。大正に入り、半農半漁の人々が副業で販売し始めて一大産業に発展。今では干物向きの魚が日本中から集まる。

そんな沼津で大正元年から続く老舗「ヤマカ水産」を訪れた。迎えてくれたのは5代目社長の母親の小松ゆうこさん。息子さんが後を継ぐまで、毎日現場に出て、従業員と一緒に魚をさばいていたという。

ヤマカ水産の干物は料理人のファンも多い。特に人気なのが「正子さんの醤油干し〝鯖〟」。ヤマカ水産に50年以上勤務していた正子さんが、家庭で受け継いだ秘伝のレシピで作っている。

調味料にもこだわり、ふっくらとした身からじゅわっと甘いサバの脂、その甘さを香ばしい醤油が引き立てる。炊きたてのごはんに合うのは言うまでもない。ゆうこさんがオススメしてくれた食べ方は、焼いたサバの身をほぐして混ぜごはんにし、おむすびを結ぶというもの。ホカホカのごはんがサバの醤油の香りを広げてくれるので、ぜひ結びたてを食べてほしい。白炒りゴマや青シソを刻んで加えてもおいしい。

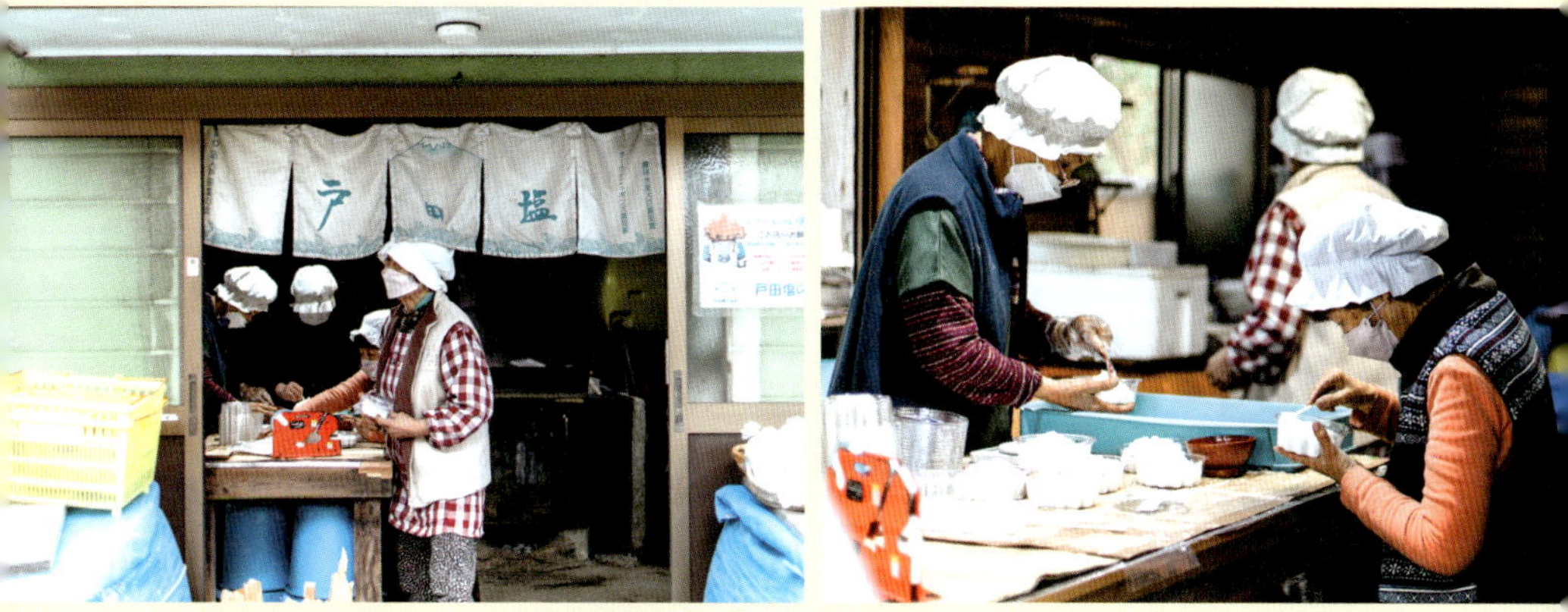

過去に途絶えていた塩造りを復活させた菰田さんたち。試行錯誤を繰り返し、やっとの思いで塩づくりを確立させた。

地元女性たちがこだわりつくして作り上げた塩

次に取材したのは、駿河湾の海水で塩造りをするＮＰＯ法人「戸田塩の会」。１９９５年から塩造りを始めたパワフルなお母さんたちの集団だ。理事長の菰田智恵さんは「長く続いていく地域のために、人間にとって一番必要なものを作りたい」と考えていた。そんな中、戸田では昔から塩造りを行っていて、およそ１５００年前には天皇の病気を治すために塩を献上したことがあると知り、塩造りを始めることを決めた。

駿河湾に黒潮が流れ込む水深20メートルの場所から海水を汲み、長い時間をかけて丁寧に塩を炊き上げたら、クラシック音楽を聴かせながら塩を寝かせる。お母さんたちのこだわりが詰まった製法だ。

戸田塩はキメが細かく真っ白。しょっぱさの中に甘みも感じられるので、塩むすびにすると米のうま味と甘みが引き立つ。粒が細かいので、おむすびを結ぶ手や米になじみやすいのもおむすび向きのポイントだ。塩むすびで楽しむほか、日々のおむすび塩として楽しんでほしい。

菰田さんたちの思いが実り、戸田塩は沼津にとってなくてはならない存在として、観光客から料理人まで幅広く愛される存在になった。地元のお母さんたちの雇用も生み、地域の盛り上がりにも寄与している。

駿河湾の恵みを生かしながら、地元の産業を育んできた女性たち。暮らしの中でも食と近い場所にいるからこそ、その視点が生きたのだろう。

日本のおむすび

中部／23

愛知県

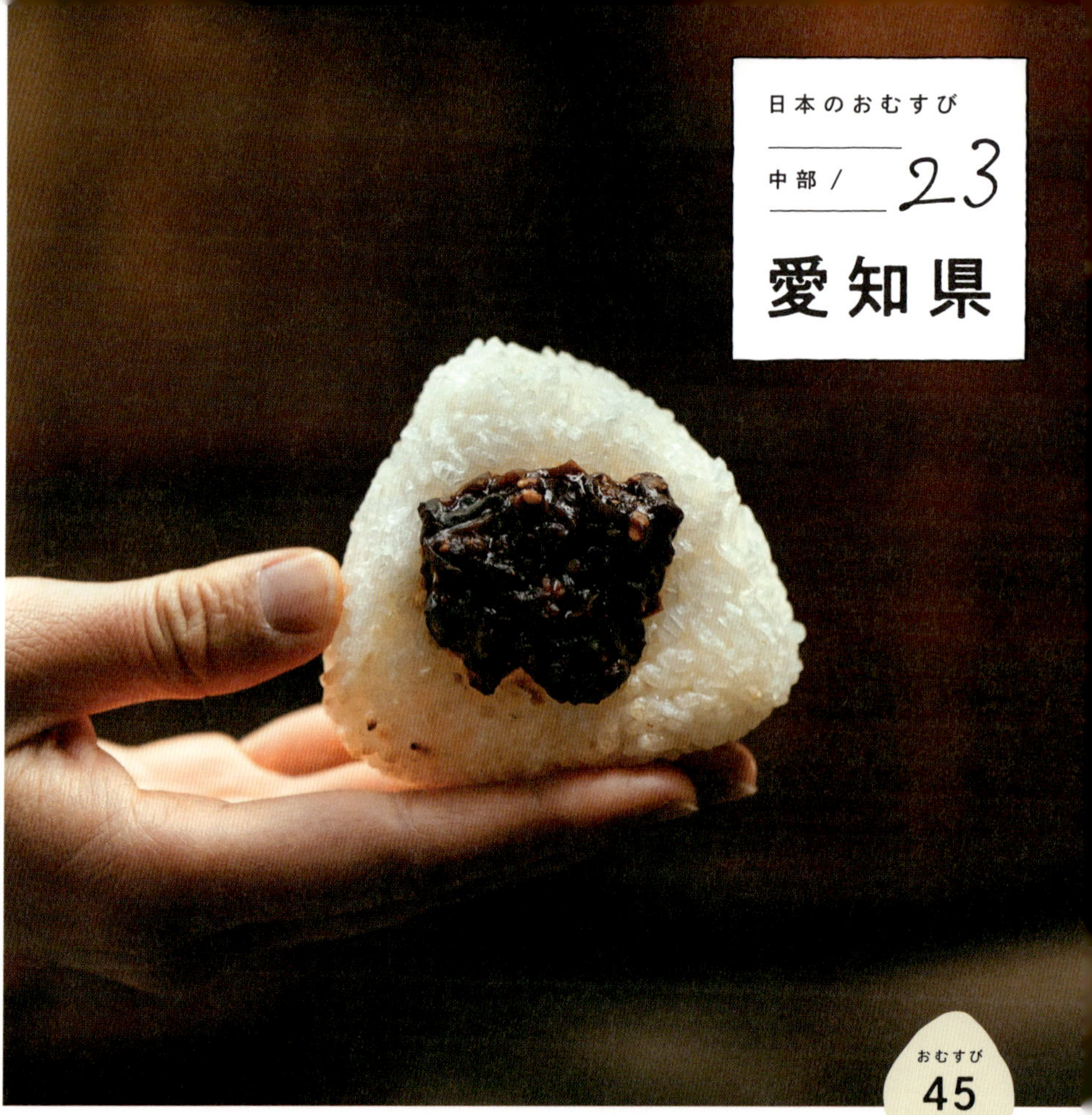

おむすび
45

ネギ味噌の焼きむすび

作り方

①ネギは小口切りにして、油（分量外）で炒める。
②味噌、酒、砂糖を加え、焦げないように弱火で煮詰める。
③料理酒のアルコールが飛び、照りが出てきたら火を止める。
④ゴマと、お好みでショウガのすりおろしを加える。
⑤ネギ味噌を具材にして、おむすびを結ぶ。

桝塚味噌の「木桶仕込みの豆味噌」は次のURLから購入できる。
http://www.masuzuka.co.jp

材料（1個分）

温かいごはん	茶碗1杯弱
豆味噌	90g
料理酒	大さじ2
砂糖	90g
長ネギ	1本
白炒りゴマ	小さじ1程度
ショウガ（すりおろし）	お好みで

※ネギ味噌は適量を具材に使うだけ。余った分は常備菜として活用できる。

おむすび
46

アミエビとシラスのおむすび

材料（6～8個分）

- 米 …… 2合
- アミエビ …… 20g
- シラス …… 40g
- 酒 …… 大さじ1
- しろたまり …… 大さじ1
- ブラックペッパー …… お好みで

作り方

①2合の米の水の量から水大さじ2分を引き、酒としろたまりをそれぞれ大さじ1ずつ加えて炊飯する。
②炊き上がったごはんに、アミエビとシラスを加えて混ぜる。
③お好みでブラックペッパーを振りかける。

ホールのブラックペッパーがあれば、しろたまりに浸けておいたものをおむすびの上にトッピングしてもいい。

愛知県

豆味噌は焼きむすびに使ったり、豚カツの味噌だれに使ったりしてもおいしい。

熱しても風味が守られる味噌のコクうま焼きむすび

愛知県は全国的にも珍しく調味料の「さしすせそ」、つまり砂糖・塩・酢・醤油・味噌がすべて愛知県産でそろう。特に発酵調味料は、県外では見かけない独特なものもあるなど、おもしろい調味料文化がある。

今回まず向かったのは、豊田市で豆味噌造りをしている「蔵元 桝塚味噌」。3代目の野田清衛さんが迎えてくれた。味噌蔵を案内してもらうと、大きな木桶がずらり。約４００本の木桶の堂々とした姿に圧倒された。一番古い桶は幕末から活躍しているそう。「この桶は味噌蔵の主。主が持つ菌がほかの桶も一丁前にしてくれる」と木桶を頼もしそうに眺めながら説明してくれた。豆麹は発酵にかかる時間が長く、1〜3年かけて育てているのだそう。実際に豆味噌を食べると深いコクに驚いた。

「長期間発酵させる中で生まれたコクです」と野田さん。

豆味噌の特徴は煮込んでも風味が損なわれず、砂糖との相性がいいこと。

焼きむすびに合わせるなら少し甘めのネギ味噌にもピッタリだということで、野田さんの奥様にレシピを教えてもらった。具は、ネギを炒めて味噌や砂糖などの調味料を加えて煮詰めたら完成。コクのある豆味噌は、砂糖を加えることで味の深みが増す。温かい焼きむすびを頬張ると、長い熟成期間を思わせる芳醇な香りと味の余韻が楽しめた。

愛知の発酵調味料に詳しい「日本料理 一灯」の長田さん。愛知の調味料文化を丁寧に教えてくれた。

素材の色を生かすしろたまりの〝映える〟炊き込みむすび

次に取材した調味料は、碧南市に本社を構える「日東醸造」の「しろたまり」。琥珀色の発酵調味料で造り方は醤油とほぼ同じ。それでも醤油と言わない理由は大豆ではなく、小麦を使うからだ。常務の伊東盛明さんによると「愛知は大豆を主原料にした色の濃いたまり醤油を使うのが主流だったんですが、料理が茶色くなる。色の薄い醤油がほしい料理人に向けて、江戸の終わりに作られたのが始まりです」とのこと。

しろたまりを使ったおむすびは、飲食店「日本料理 一灯」の長田勇久さんが教えてくれた。碧南らしさを詰め込んだ桜色の炊き込みごはんだ。米を炊く際に酒としろたまりを加える。ごはんが炊き上がったら、地元のアミエビとシラスをたっぷり使う。差し色にフキを加えてもいい。アクセントにブラックペッパーを振って完成だ。

しろたまりは素材の色を生かすので優しい色の炊き込みごはんになる。春らしい優しいうま味をブラックペッパーが引き締めてクセになる。

愛知は温暖な気候で平野が広がり、米や麦や大豆などの農産物の産地でもあった。さらに尾張徳川家の殿様文化と、三河の商人文化、農業文化などにより安定して豊かだったので、仕込みに3年もかかる味噌を造り続けられたそう。自然と歴史が相まって生まれた食文化なのだ。

近畿

三重県／滋賀県
京都府／大阪府
兵庫県／奈良県
和歌山県

日本のおむすび

近畿 / 24

三重県

おむすび 47

虎の尾味噌のおむすび

作り方

①鰹節をフライパンで炒って香りを出しておく。虎の尾は小口切りにしておく（虎の尾を切るときは手袋をすること）。

②フライパンにゴマ油を熱し虎の尾を中火で炒め、弱火にしてAを加えて砂糖が溶けてとろみが出るまで加熱する。

③赤虎の尾を加え、さらに加熱する。火を止めて炒った鰹節を加えて混ぜる。

④虎の尾味噌を具材にしておむすびを結ぶ。

※虎の尾味噌は適量を具材に使うだけ。余った分は常備菜として活用できる。

材料（1個分）

温かいごはん	茶碗1杯弱
虎の尾	50g程度
赤虎の尾（乾燥・刻み）	5g程度
鰹節	2g
A 味噌	100g
A 砂糖	50g
A みりん	大さじ2
ゴマ油	大さじ1

おわせむかい農園の虎の尾は次のURLから購入できる。
https://owasemukaifarm.com/torano-o/

おむすび
48

ハバノリのおむすび

材料（2個分）

温かいごはん……………………茶碗2杯弱
ハバノリ………………………3g程度
醤油……………………………適量

作り方

①ハバノリが鮮やかな緑色になるまでフライパンで空炒りする。
②空炒りしたハバノリに醤油を回しかける。
③②を具材にしておむすびを結ぶ。一部、おむすびの上にトッピングしてもいい。

明太子などを具材にしておむすびを結び、炒ったハバノリを周りにまぶしてもおいしい。

日本のおむすび

近畿／24

三重県

耕作放棄地を耕すところから農園をスタートしたという笠松さん。虎の尾のほかの作物も育てながら里山を守っている。

伝統野菜「虎の尾」のうま辛さがクセになるおむすび

三重のおむすび旅で向かったのは南部に位置する尾鷲市。林業と漁業の街だ。「海に山が生えている」と地元の人が表現するほど、海と山との距離が近い。そんな海と山がつながる尾鷲市の中でも向井地区という場所でだけ生産されている珍しい青唐辛子があるらしい。その名も「虎の尾」。もとは地元漁師が船に常備し、刺身の薬味にしていたそうだ。

私も刺身と一緒に食べたが、わさびの代わりに虎の尾を使うと爽やかな辛さが魚の臭みを消してうま味を引き出してくれる。刺身以外にも、味噌汁に入れたり、カレーに加えて辛さを足したりと、地元の人にとっては常備しておかないと物足りないと思うような食材らしい。

虎の尾をごはんに合わせるときによく作るのは虎の尾味噌。虎の尾を栽培する「おわせむかい農園」の笠松千恵子さんに作り方を教わった。炒めた虎の尾を味噌で甘辛く味つけして、最後に炒った鰹節を入れる。おむすびに少し添えるとうま辛さがクセになって、どんどん食べ進んでいく。これは常備したくなるのもうなずける。

おわせむかい農園を運営する「尾鷲ヤードサービス」はもともと尾鷲にあった発電所内で鉄関連の仕事をしていたが、2018年に発電所がなくなったことで農園に転じた。「畑や田んぼの中を走り回っていた昔の風景を取り戻したい」という思いで農業を始める決意をしたという。

環境の変化で天然の海藻が獲れなくなった尾鷲でハバノリを養殖し、地域の伝統食材を復活させたという。

現在ではブルーベリーをはじめとした果樹や、地元の伝統野菜の虎の尾などを栽培しながら、里山の美しさを未来につなごうとしている。

陸上で生まれた海藻が生み出すほろ苦いおむすび

尾鷲で出合ったもう一つのおむすびは、スジアオノリとハバノリのおむすび。なんとこの海藻は、陸上で育てられているという。手がけるのはシーベジタブル。もともと高知県で陸上海藻養殖をビジネス化した後、尾鷲市をはじめ、全国にその拠点を広めている。

養殖現場を見学すると、丸い大きなプールにフワフワと浮かぶスジアオノリがかわいらしい。年中水温が安定する地下海水を使って養殖するので色が良く、風味も豊かな海藻を通年育てることができる。漁船に乗って行う漁と比べると体力も使わないので、地域の高齢者や障害を持つ人などに安定した仕事を提供することにもつながっているのだそう。

ハバノリを使ったおむすびは、地元の人がごはんと合わせて楽しんでいた方法にならい、フライパンで鮮やかな色になるまで炒って醤油を回しかけたものを具材にした。ハバノリ独特のほろ苦さがごはんに合う。この味は、なかなかほかの海藻では再現できない。

新しい技術を使って古くから大切にしてきたものを未来につないでいく。そういう方法もあるのだと考えさせられた。

日本のおむすび
近畿／ 25
滋賀県

おむすび
49

葉山椒の佃煮のおむすび

材料（1個分）

温かいごはん……………………茶碗1杯弱
葉山椒（硬い茎などを取り除いた若葉）
……………………………………50g程度
A 醤油……………………………大さじ1
A 日本酒…………………………大さじ2
A みりん…………………………大さじ1

作り方

①葉山椒を水洗いし、熱湯でサッと湯通ししてアク抜きする。粗熱が取れたらしっかり水気を切り、食べやすいサイズに切る。
②①をフライパンで空炒りして水気を飛ばし、Aの調味料を加えて弱火で煮詰める。水分がなくなったら、火を止めて冷ましながら味を染み込ませる。
③葉山椒の佃煮を具材にしておむすびを結ぶ。

※葉山椒の佃煮は適量を具材に使うだけ。余った分は常備菜として活用できる。

おむすび
50

鉄火味噌のおむすび

作り方

①乾燥大豆を3倍量の水に一晩浸し、ザルに上げて水気を拭き取る。
②米油で大豆を揚げる。
③Aを鍋に入れて火にかけ揚げた大豆を加え、トロッとするまで混ぜながら煮詰める。
④鉄火味噌を具材にしておむすびを結び、海苔を巻く。

※柔らかめの大豆の食感が好みなら、水煮大豆100gに変更し、揚げるのではなく大さじ1程度の油で炒めてから調味料で煮詰めるといい。
※鉄火味噌は適量を具材に使うだけ。余った分は常備菜として活用できる。

材料（1個分）

温かいごはん	茶碗1杯弱
乾燥大豆	50g
A 味噌	40g
A 砂糖	大さじ4
A みりん	小さじ1
米油	適量
海苔	適量

日本のおむすび

近畿／ 25

滋賀県

文子さんが用意してくれたおむすびの具材は7種類。すべて結んで大皿に盛りつけていった。

お酒のアテとしても楽しめる鉄火味噌のおむすび

滋賀と言えば琵琶湖。今回の旅では琵琶湖があるからこそ生まれた独特の文化に触れることができた。

まず向かったのは長浜市の琵琶湖そばで漁師の松田悠樹さん家族が営む「民宿舟倉」。到着した翌朝には琵琶湖漁を見学した。湖上の風を受け、朝日に照らされた美しい琵琶湖の姿を眺める贅沢な朝だった。

その後で向かったのは、同じ長浜市に住む「湖北町食事文化研究会」の代表を務めている肥田文子さんの自宅だ。家の前に着いて、立派な佇まいに驚いた。肥田邸はもともと、参勤交代で大名が宿泊や休憩をしていた「伊部宿本陣跡」で、文子さんの夫の肥田嘉昭さんは４５０年以上続く家の16代目だという。肥田さんらは、建物だけでなく湖北エリアの食文化も守り伝えてきた。湖北の魅力がきちんと伝わるようにと、準備してくれたおむすびの具材は7種類。

「これもこれもこれも、手作りなんですよ」。日本古来の鮓《すし》の一種、塩漬けしたフナと米を発酵させた「ふなずし」や、揚げた大豆に味噌を和えた「鉄火味噌」、庭で採れた「葉山椒の佃煮」「ビワマスのフレーク」「自家製梅干し」、そしておかずには祝儀でも食べられる「スジエビの煮豆」などが並ぶ。

鉄火味噌は大豆の食感がしっかりと残っていて、ポリポリと味見する

おむすび以外にも、熟鮓をはじめ琵琶湖の湖北エリアで食べられる郷土料理を学んだ。

とそのままなくなってしまいそうになる。お酒のアテにもなりそうだ。食べ切りたくなるのをグッと堪えておむすびにすると、ごはんとの食感のコントラストが楽しい。

山椒の葉を炒り煮にした佃煮はしっかり濃い味つけと山椒の爽やかさでごはん泥棒確定。おむすびの具材にしてもいいし、混ぜごはんのアクセントにするのもオススメだ。

場所によって異なる琵琶湖の食文化

琵琶湖の郷土食といっても、湖の位置によって食文化はかなり変わる。湖北エリアは寒さが厳しいので、「熟鮓《なれずし》」などの保存食をよく作っていた。琵琶湖で最も魚が集まるため湖魚を使った郷土食も多い。「食っちゅうたら卒業がないんやけ、おもしろい。やめられんね、ほんっとに」。料理中、文子さんは力を込めてこう繰り返していた。

完成したおむすびは、大皿にきれいに盛りつけた。料理をしている間もずっと見守っていた嘉昭さんが、「おいしい」と何度も言いながら食べているのが印象的だった。

湖北の食文化と、それを支える温かな夫婦の愛に触れた時間だった。〝湖との暮らし〟は、まだまだ掘っていくとおもしろい食文化に出合えそうだ。

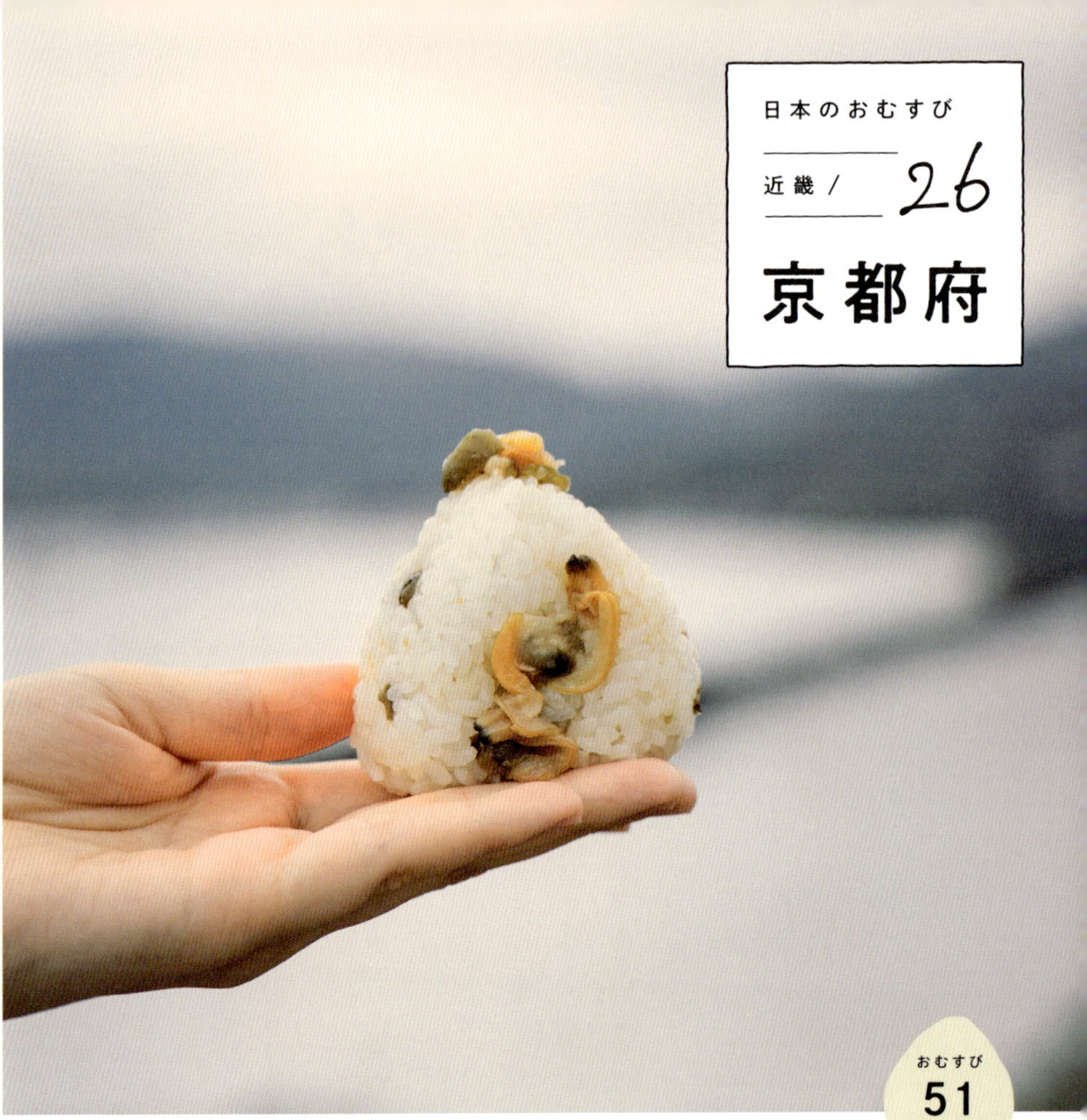

日本のおむすび

近畿／26

京都府

おむすび
51

アサリの洋風佃煮むすび

作り方

①アサリは塩水（塩分量外）に浸けてアルミホイルなどをかぶせ、暗所で30分ほど砂抜きしておく。
②オリーブの実をみじん切りにする。
③①のアサリをこすりながら、よく洗う。
④フライパンに③のアサリを並べ、Aを加えたら、蓋をして3分ほど酒蒸しにする。
⑤アサリの貝が開いたら、身を取り出す。
⑥小鍋にアサリの身とオリーブの実、Bの調味料を加え、汁気がなくなるまで煮詰める。
⑦炊いたごはんに⑥を混ぜて、おむすびを結ぶ。

材料（6〜8個分）

米	2合
アサリ（殻付き）	500g（※むき身で約80g）
オリーブの実	40g
A オリーブオイル	大さじ1
A 酒	大さじ2
B 味噌	小さじ2
B オリーブオイル	大さじ2
B 酒	大さじ1

おむすび
52

麦飯のおむすび

材料（8～10個分）

米……2合
もち麦……100g
塩……適量

作り方

①米を洗って炊飯器の目盛りに合わせて水加減する。そこにもち麦と水200mlを加え、サッと米ともち麦を混ぜて通常炊飯する。
②炊き上がったら、塩むすびにする。

※カリカリ梅や枝豆などで食感を加えてもおいしい。

もち麦の量は、米に対して約3割くらいにすると麦の食感を楽しめる。

手間暇をかけて大きくて濃厚な味のアサリを育てている。アサリの濃さとオリーブオイルの香りが絶妙に合う。

アサリとオリーブオイルのマリアージュ

京都と聞いて最初に思い浮かべるのは、修学旅行で訪れる清水寺や金閣寺、舞妓さんが歩く古都の景色だろう。だが今回、もっと知りたいと取材に訪れたのは〝海の京都〟。まだ知らない京都の顔に出合った。

まず向かったのは宮津市。「日本三景」の一つ、天橋立のある場所だ。この天橋立周辺の産業の一つに漁業がある。特に内海である阿蘇海ではアサリをはじめとした貝類がよく獲れていたという。「いた」と過去形なのは、ここ20年近くは漁獲量がぐっと落ち込んでいるのだ。地元漁師の仕事をつなぐために考えられたのが、阿蘇海にイカダを浮かべ、そこからカゴを下げてアサリを育成するという方法だ。

今回はそのアサリ漁の現場、つまりイカダの上を訪れた。カゴの中を見せてもらい、アサリのサイズに驚いた。これまでに見たことがない大きさなのだ。漁師が定期的にアサリについた藻などを取り除くといった大変な手間暇をかけ、アサリの餌となるプランクトンが豊富な場所にイカダを設置するので身が大きくうま味の濃いアサリが育つという。

今回は、このアサリと宮津の新たな名産のオリーブオイルを使ったおむすびを、オリーブ生産者に教わった。アサリの濃いうま味とオリーブの実の酸味と塩味、そしてオリーブオイルの華やかな香りがベストマッチ。最後に隠し味として味噌を加えることで、おむすびにもなじみやす

明治時代の趣を感じられるレストラン「松栄館」。目玉メニューの肉じゃがも同じ時代にこの地で生まれた。

くなるという。地酒と合わせていただくと、幸せの極みだった。

脚気から日本海軍を救った、歴史ある麦飯のおむすび

次に向かったのは舞鶴市。旧海軍ゆかりの街だ。大日本帝国海軍大将だった東郷平八郎が通っていた元旅館「松栄館」を訪れた。現在は当時の建物をほぼそのままに海軍料理を提供するレストランとなっている。

ここで教わったのが麦飯のおむすびだ。炊飯器の目盛り通りにセットした米に、もち麦ともち麦の重さの2倍の水を加えて通常炊飯し、おむすびを結んだら完成。米に対して約3割の量のもち麦を加えるのがオススメだ。プチプチとした食感を楽しめる。

なぜ麦飯かというと、きっかけとなった出来事がある。明治時代、南米に練習航海に出た軍艦「龍驤《りゅうじょう》」の乗員の半数近くが脚気にかかった。当時の海軍医は食事が原因と考え、タンパク質など栄養豊富な洋食とビタミンの多い麦飯を主体にすると、脚気が激減したという。

麦飯と一緒に出してもらったのが、舞鶴が発祥の地だと言われている肉じゃが。東郷平八郎が「ビーフシチューを食べたい」と言ったものの日本の調味料しかなくて、なるべく似せて作ったのが肉じゃがだったのだとか。〝家庭の味〟のルーツ、おもしろい。先人たちが試行錯誤しながらたくましく生きてきた暮らしに思いを馳せて手を合わせた。

日本のおむすび

近畿／27

大阪府

おむすび 53

しおふき昆布のおむすび

こんぶ土居の「しおふき昆布」は次のURLから購入できる。
https://www.konbudoi.jp

材料（1個分）

温かいごはん ……………… 茶碗1杯弱
こんぶ土居「しおふき昆布」……… 適量

作り方

①温かいごはんに「しおふき昆布」を混ぜて俵形のおむすびにする。

おむすび
54

鱧《はも》飯のおむすび

材料（6〜8個分）

ごはん……2合分
ハモ（骨切りしたもの）……150〜200g
A 醤油……大さじ2
A 酒……大さじ2
A みりん……大さじ2
山椒の実の佃煮……大さじ½〜1

作り方

①ハモの表面に軽く塩（分量外）を振り、少し時間を置いてから表面の水分を拭き取る。
②フライパンに薄く油（分量外）をひき、ハモを皮目から焼く。裏返して両面を焼いたら、Aの調味料を加えて全体を絡めながら照り焼きにする。山椒の実も加えてさらに煮詰める（焦げ付かないよう注意）。
③ハモを1センチ幅程度に切り、炊き立てのごはんにタレとともにさっくりと混ぜて、俵形のおむすびにする。

出汁文化・大阪には昆布専門店が多い。取材をした「こんぶ土居」にもさまざまなタイプの出汁の商品が並んでいた。

昆布のうま味が生きた大阪を象徴する俵形のおむすび

大阪といえばたこ焼きやお好み焼きという粉ものが思い浮かぶ。それも大阪の食文化だが、それ以外にも驚くほど豊かな食がたくさんある。

例えば、大阪の出汁文化。江戸時代、大阪には北前船航路で北海道の昆布が運ばれてきていた。そのため今でも昆布の専門店が多い。そこで100年以上の歴史を持つ「こんぶ土居」を訪れた。

迎えてくれたのは4代目の土居純一さん。立派な真昆布をはじめ、昆布を使った商品がずらりと並ぶ店で、おむすびに合う商品を試食した。

特に感動したのは「しおふき昆布」。いわゆる塩昆布だが、大阪で塩昆布は佃煮のことを指すため、あえて、しおふき昆布と言うそうだ。食べると主張しすぎずに昆布の優しいうま味を感じられる。

しおふき昆布のパッケージの裏面を見ると、原材料表示には使用している調味料の産地や原材料が明記されている徹底ぶりだ。

土居さんが大切にする大阪のおむすびは、「母親が握ってくれる俵形のおにぎり」ということだったので、慣れないながらも俵形のおむすびを結んだ。

昆布のうま味と調味料の風味を生かした優しいしおふき昆布は、一般的な塩昆布よりも多めにごはんに混ぜてOK。アレンジとして鶏そぼろなどと合わせてごはんに混ぜるのもオススメだ。

「武家文化の江戸とは異なり、大阪は商人文化なので俵形のおむすびが広がった」と広里さん。

甘辛いタレと山椒でハモの滋味を引き出したおむすび

次に向かったのは、なにわのごちそうプロデューサー・広里貴子さんのキッチンだ。NHK朝の連続ドラマ「ごちそうさん」をはじめ、数々のドラマで大阪の郷土料理を指導されている広里さん。今回教えてもらったのは「鱧《はも》飯」。訪れた7月は、「梅雨の雨を飲んでおいしくなる」と言われているハモの旬。大阪では夏はハモをよく食べる。特に日本三大祭と言われている「天神祭」ではハモづくしの料理が振る舞われるそう。

鱧飯は、ハモをタレでつけ焼きにしてごはんに混ぜる。「大きいハモは皮が硬いので、昔の大阪では蒲焼きの方が多かった。ハモの湯引きやハモちりは最近の文化なんです」と広里さん。皮もムダにしない大阪の〝始末の精神〟の表れでもあるそうだ。

山椒を加えて鱧飯が完成したところでおむすびを結ぶ。やっぱり形は俵形。「大阪は商人文化。おむすびは芝居のときなどに弁当に詰めて箸で食べることが多かったので俵形になったんです」と教えてくれた。

ハモの湯引きなど、真っ白なハモ料理しか食べたことがなかったが、甘辛いタレと山椒がハモの滋味を引き出している。骨切りをされているハモを買えば、家でも簡単に調理できる。

「天下の台所」と言われていた大阪の食文化は想像していた以上にずっと奥深かった。

日本のおむすび

近畿／28

兵庫県

おむすび 55

サザエ飯のおむすび

作り方

①サザエの殻を流水で丁寧に洗い、沸騰した約500mlのお湯で5分ほどゆでる。ゆで汁は目の細かいザルなどでこし、冷ましておく。

②サザエの身を取り出し肝を取り除き、食感が残る程度の薄切りにする。

③炊飯器に洗った米とAを入れ、2合の目盛りまで①のゆで汁を入れて炊く。

④炊き上がったら②のサザエを加えて混ぜ、おむすびを結ぶ。

材料（6〜8個分）

米	2合
サザエ	5個
A 醤油	大さじ1
A みりん	大さじ1
A 酒	大さじ1
A 塩	小さじ½弱

おむすび
56

たくあんのおむすび

材料（6〜8個分）

米……2合
たくあん……60g
醤油……小さじ1
ゴマ油……大さじ1
鰹節……約3g

作り方

①たくあんを細かく刻む。
②フライパンにゴマ油を熱し、①のたくあんを表面がカリッとするまで炒める。
③炊き上がったごはんに②のたくあん、醤油、鰹節を混ぜて、おむすびを結ぶ。

たくあんを細かく刻み、炒めるという手間を加えるだけで、格段にたくあんのおむすびの味が上がる。

和代さんが自らせりに足を運び、サザエやイカ、甘エビ、アジなど、その時期の旬の海鮮で豪華なおむすびを作ってくれた。

サザエを丸ごと味わう炊き込みのおむすび

兵庫の取材では、江戸時代の食文化が色濃く残る様子を感じられた。今回、向かったのは兵庫の中でも日本海側に位置する豊岡市。海沿いの港町の竹野町は、江戸時代に北前船の寄港地として栄えた町だ。ここで迎えてくれたのは、「宿 亀正」の女将の浪華和代さん。今回は竹野の文化、「おしあげ」を表現したおむすびを教えてもらった。

おしあげとは、北前船が航海を終えて無事に帰ってきたときに出していた料理のこと。船を浜に押し上げて船員の労をねぎらい、仕上げの料理を振る舞ったことに由来するという。無事を祈って帰りを待っていた家族の喜びと海の神様への感謝の気持ちが生んだ料理なのだ。

料理の内容は決まっておらず、その土地の食材を惜しみなく使ってもてなすのが決まり。そこで漁港へ向かい、女将の目利きで魚を選ぶ。

魚介類を手に入れたらおむすび作りの始まりだ。まずはサザエ飯。サザエを炊いた出汁で米を炊く。サザエの身が硬くならないよう、米とサザエを一緒に炊き込まないのがポイントだ。炊き上がったごはんにサザエの身をたっぷり混ぜておむすびにしたら完成。弾力のあるサザエが口の中で躍る、いつまでもかみしめていたくなるようなおむすびだ。

ほかにも郷土食のイカのスルメで作ったこうじ漬けや甘エビのこうじ漬け、アカイカの天むす、アジのなめろうなどのおむすびが完成した。

住職の小原さんは今でも、ドレッシングや燻製など、たくあんの新しい可能性を模索しているという。

徳川家光がうなったたくあん漬けをおむすびに

城下町の空気が漂う出石町の宗鏡寺。お寺に入ると「沢庵漬あります」の文字が目に飛び込む。ここは「たくあん漬け」を生み出した沢庵和尚がいたお寺で、「沢庵寺」という通称で地域に親しまれ、今でもたくあん漬を作り続けているのだそう。

たくあん漬けの由来を住職の小原游堂さんに伺った。江戸時代の第三代将軍である徳川家光がきっかけとなったというエピソードを聞いた後で、家光が感動したという昔ながらのたくあん漬けをいただいた。しっかりとした酸味の後に、かめばかむほど発酵のうま味が広がる。

住職はたくあん漬けを世に広めるため、たくあんドレッシングやたくあんバタートースト、たくあんの燻製などめくるめく〝たくあんワールド〟を探求している。

そんな住職に教わったおむすびは、たくあんを刻んでゴマ油で炒めたものと、鰹節、醤油少々を温かいごはんと混ぜたおむすび。食べてみると、たくあんの酸味がまろやかになるし、鰹節のうま味とのかけ合わせも絶妙。これは世に広めたい。

食を楽しむ文化が醸成された江戸時代。当時の食に触れて、歴史の教科書の中の世界が少しだけ身近になったように感じられた。

日本のおむすび

近畿／ 29

奈良県

おむすび
57

めはりずし

俵形のおむすびを結んだ後は、高菜の葉っぱでおむすびを巻いていく。

材料（2個分）

高菜の漬物 ……………… 1枚
温かいごはん ……………… 茶碗2杯弱

作り方

①高菜の漬物は芯を除いて½サイズに切る。芯の部分はみじん切りにする。
②温かいごはんに高菜の芯を混ぜる。味が薄い場合は少し醤油（分量外）を足す。
③②で俵形のおむすびを2個結び、高菜の葉で巻く。

おむすび
58

きのこごはんのおむすび

材料（6～8個分）

米……2合
出汁……2カップ程度
A 醤油……大さじ2
A みりん……大さじ2
シメジ……120g
椎茸……60g

作り方

①椎茸は薄切りに、シメジは食べやすい大きさにカットする。
②洗った米を炊飯器にセットし、出汁と調味料Aを合わせたものを炊飯器の目盛りより少し少なめに加える。
③②に①のきのこをすべて入れて通常炊飯する。
④ごはんが炊けたらすべてをさっくりと混ぜておむすびを結ぶ。

「自分で食べるもんは自分でせな」と食べるものは何でも自分たちで育て、採り、作っていく俊子ネエ。

具も巻き物も高菜づくしの「めはりずし」

奈良では十津川村を訪れた。村としては日本一広く、96％を山林が占める。その中でも特に山深い山天集落へ。山を登り続け、「本当に人が住んでいるのかな」と不安になった頃に現れる人口10人に満たない集落だ。訪ねたのは89歳の現役農家の松葉俊子さん、通称・俊子ネエ。かわいいシャツでおめかしした俊子ネエが満面の笑みで迎えてくれた。

早速、おむすびを結ぶことに。教えてもらったのは、山深い熊野エリアでよく食べられている「めはりずし」（十津川村では「とうなずし」とも呼ばれる）。高菜の茎を刻んでごはんと混ぜて俵形に結び、高菜の葉でおむすびを巻く。「すし」とは言うが、酢は入っていない。

おむすびの周りに何重にも高菜の葉が巻かれると食べづらいので、葉っぱが大きい場合はカットして使用する。高菜の芯だけでなく、塩昆布や梅干しなど、好きな具材を加えるのもいい。浅めに漬けた歯切れのいい高菜のお陰で、さっぱりと食べられるのがうれしいおむすびだ。

今では食べやすいサイズにすることも多いが、もとは目を見張るくらい大きいことから、めはりずしと呼ばれるようになったという。

俊子ネエはここの暮らしがとても気に入っているそう。毎日朝から畑仕事をして近所のおばあちゃんとお茶をしながら大笑いし、漬物やおかずをお裾分けする。ときどき全国から俊子ネエに会いにやってくる人が

おむすび以外にも、川魚やジビエの刺身、お吸い物など、たくさんのごちそうを教えてくれた大谷家のみなさん。

いるので、めはりずしを出して一緒に食べる。「こんなに笑えるってほんまありがたいことやで」という俊子ネエの笑い皺が美しかった。

大量のキノコを炊飯器に投入！　芳醇な香りを楽しむ

次に向かったのは十津川村の出谷エリア。山を登った先の秘境にある一軒家で、大谷家のみなさんが迎えてくれた。料理を教えてくれたのは大谷シゲさんと嫁の純子さん。料理はきのこごはんだ。十津川村は山できのこが採れるため、昔からよくきのこの料理を作っていたという。

今回使ったのは椎茸とシメジ。椎茸は薄くスライスしてシメジは食べやすい大きさにカット。「こんな量を入れて大丈夫？」という量を炊飯器に入れる。炊き上がると、きのこの芳醇な香りが一気に広がる。

おむすびにすると、きのこだけなのに濃厚な味わいだ。ほんのりおこげの香ばしさと相まってたまらない。十津川村ではきのこをゆっくり成長させるため、味が濃く、香り高いきのこが育つのだという。

ほかにもめはりずしや川魚やきのこの唐揚げ、ジビエの刺身、吸い物などを教えてくれた。「自分たちで採ってきた新鮮なものを食べるから十津川の人は口が肥えてるかもしれんね」と笑う純子さん。スーパーもコンビニもない山奥に暮らすからこそ、自然の恵みに目が向くし、命のありがたさも知っている。豊かな暮らしのあり方に触れられた。

日本のおむすび

近畿 / 30

和歌山県

おむすび
59

紀州南高梅と赤シソのおむすび

紀州南高梅をたたいて具材に盛り込んでもいいし、
握った後でおむすびにのせてもいい。

材料（1個分）

温かいごはん	茶碗1杯弱
紀州南高梅	1個
赤シソ漬け	5g程度
塩	適量

作り方

①刻んだ赤シソ漬けをごはんに混ぜる。
②紀州南高梅を具材にして、おむすびを結ぶ。

おむすび
60

マグロのおまぜのおむすび

材料（10～12個分）

米 ……………………………………… 3合
すし酢 ……………………………… 大さじ6
ビンチョウマグロ ………………… 100g前後

具材

A 皮なし鶏モモ肉 …50g
A 干し椎茸（もどす） 1枚
A ゴボウ ……………40g
A レンコン …………40g
A ニンジン …………40g
A コンニャク ………50g
A 切り昆布 5cm角程度 ……………………… 1枚
B 椎茸を戻した出汁 ……………………… 200ml
B 酒、砂糖 ……各大さじ2
B 醤油 ………… 大さじ3

作り方

①米を炊飯器目盛りより少なめの水で炊く。
②Aを細かく刻み、Bで水分が飛ぶまで煮る。
③サイコロ状に切ったマグロをすし酢に30分ほど浸す。
④炊き上がったごはんが熱々のうちに、すし酢から出したマグロの切り身を混ぜ、マグロの表面が白っぽくなるまで蒸らす（1分ほど）。
⑤ごはんが熱いうちにマグロを漬けていたすし酢を加え、切るように混ぜる。
⑥汁気を切った②を加え混ぜ、おむすびを結ぶ。

日本のおむすび

近畿 / 30

和歌山県

「梅干しには日本人の生きる知恵が詰まっている」と語るシェフの更井さん。料理をするだけでなく梅の収穫も。

肉体労働の後に体に染み入る、梅干しのおむすび

和歌山には「日本一の収穫量・漁獲量」とか「発祥」をうたう食材が多い。梅やミカン、山椒や柿は収穫量日本一。近海でとれる生マグロの水揚げも日本一。鰹節や醤油の発祥の地とも言われている。こうした食文化を守りつないできた人たちが、和歌山にはいる。

和歌山と言えば紀州南高梅。中でも紀州南高梅が生まれたみなべ町と隣の田辺市だけで、全国の梅生産量の55%以上を占めるという。

今回訪れた田辺市のレストラン「キャラバンサライ」のシェフである更井亮介さんの実家も梅農家。店は梅蔵だった建物を活用し、梅畑に囲まれている。普段は地元の野菜やジビエなどを使ったおしゃれなフレンチレストランだが、梅の収穫時期は梅農家向けの弁当を作る。忙しくて自炊できない農家の状況を知っているからこそ、おいしくて栄養満点の弁当を日替わりで安く提供しているのだという。

加えて、シェフも梅の収穫を行う。6月のジメジメした暑さの中で地面に落ちた梅を拾っていく作業は、サウナに入ったように汗だくになる。そんな梅拾いの後に、酸っぱい梅干しおむすびを食べるのは最高だった。酸っぱい梅干しは塩分が高いのでおむすびを結ぶ際に使う塩は少なめで。殺菌効果を高めたいときは梅干しを叩いてごはんに混ぜてもいい。米と一緒になることで梅干しの華やかな香りが際立つようになる。

結婚をきっかけにマグロにハマった北郡さん。マグロのおまぜは生マグロをふんだんに使う。

「梅雨って梅の雨って書くでしょ。梅には恵みの雨なんでね。雨の日が天気悪いって誰が決めてんねんって感じですよ」と更井さんは笑う。

生マグロをふんだんに使った「マグロのおまぜ」

山から海へ移り那智勝浦町へ。ここは生マグロの水揚げ日本一の町。港近くにはマグロを扱う鮮魚店がいくつもあり、マグロを使った郷土料理の店も多い。今回は「北郡商店」で「マグロのおまぜ」という、生マグロを使った贅沢な混ぜ寿司を教えてもらった。これは結婚式や誕生日など、人が集まる際に食べられる郷土料理だ。1センチ角に切ったマグロの刺身を合わせ酢に30分ほど漬けて、炊きたてごはんにマグロ、合わせ酢、炊いた野菜などの具材を混ぜたら完成だ。茶碗によそうこともあれば、食べやすいようにおむすびにすることもあるそう。具材を一気に混ぜる前にマグロを熱い酢飯の中で蒸らして表面を加熱するのがポイントだ。サッパリした酢飯がマグロのうま味や野菜の甘さを引き出している。

今回、豪快なマグロさばきを見せてくれたのは北郡商店2代目の北郡順二さん。「マグロは毎日違う。目利きは一生だっていうことを日々実感しています」と眼を輝かせて話してくれた。北郡さんはもとは和歌山ともマグロとも縁がなく、結婚を機に婿入りしてマグロにハマったそう。

地域の特産品の裏側には、そこに関わる一人ひとりの物語がある。

中国

鳥取県／島根県
岡山県／広島県
山口県

日本のおむすび

中国／ 31

鳥取県

おむすび
61

いただき

作り方

①油揚げの底辺に切り込みを入れて袋状にする。
②ゴボウはささがき、ニンジンは1cm程度の短冊切り、戻した干し椎茸は薄切りにする。
③洗って水を切った米に②を混ぜ合わせ、油揚げに7～8分目ほどまで詰めて爪楊枝で止める。これを6個分作る。
④鍋の底に昆布を敷き、その上に③を並べて隙間に煮干しを置く。Aの出汁と調味料も加え、落とし蓋をして強火にかける。鍋ではなく、炊飯器で炊くこともできる。
⑤煮立ったら中火にして20分ほど煮る。

※こめや産業のいただきは次のURLから購入できる。
https://komeya-sangyo.com

材料（6個分）

米	2合
三角油揚げ	6枚
ニンジン	½本（50g）
ゴボウ	15cm程度（40g）
干し椎茸	3枚
昆布	10cm角1枚
煮干し	適量
A 干し椎茸の出汁	800ml
A 醤油	大さじ3強
A 砂糖	大さじ3
A 酒	大さじ2

おむすび
62

大山おこわのおむすび

材料（10～12個分）

もち米	300g
A 大山鶏	140g
A ニンジン	80g
A ゴボウ	80g
A 干し椎茸	50g
A 油揚げ	20g
A 酒	大さじ1
A 砂糖	小さじ2
A 醤油	大さじ2
干し椎茸の戻し汁	400ml

作り方

①干し椎茸を一晩水に浸して戻しておく。
②大山鶏（鶏モモ肉）と油揚げを1cm角に切る。
③ニンジンは3mm幅のいちょう切りに、ゴボウはささがきにして水にさらしておく。
④干し椎茸は薄切りにする。戻し汁はとっておく。
⑤炊飯器にもち米とAの具材、調味料をすべて入れ、2合の目盛りまで干し椎茸の戻し汁を入れる。炊き込みモードで炊飯する。
⑥炊き上がったらよく混ぜて、おむすびを結ぶ。

日本のおむすび

中国／ 31

鳥取県

レシピを教えてくれた浜田さんと松原さん。地元の人々は長く、大山を仰ぎながらいただきを食べてきたのだろう。

米や野菜を油揚げでまるっと包んで炊き上げる

鳥取には「大山《だいせん》さんのおかげ」と人々から敬われている山がある。『出雲国風土記』に登場し、日本最古の「神坐《いま》す山」である大山。鳥取のおむすびは大山にゆかりのあるものだった。

取材先を探していて鳥取の人からこんな連絡をもらった。「おむすびかどうか分からないんですが、おもしろい料理があるんです。『いただき』という名前です」。どんな料理か気になって鳥取県西部へ。

いただきを販売する「こめや産業」の浜田貴稔さん、イベントなどでいただきを振る舞う松原毅さんらに作り方を教えてもらった。準備していたのは、ほかの地域では見ないような大きな三角形の油揚げだ。この底辺部分を切って袋状にする。ここに米と刻んだ野菜を混ぜ合わせたものを詰め、爪楊枝で口を止める。鍋にこの油揚げを並べて、隙間にイリコを埋め、醤油ベースの出汁をひたひたになるまで加える。油揚げの中の米が炊ければ完成だ。一口頬張ると油揚げからジュワッと出汁が染み出して炊き込みごはんになじんでいく。ありそうでなかった組み合わせだ。炊飯器で炊くこともできるので、自宅でも挑戦できそうだ。

米が貴重だった時代、いただきはごはんのカサを増やせるし栄養もあり、食べても手にくっつかないため、農作業や漁で重宝したそう。名前の由来は諸説あるが、大山の頂上に似ていることが有力な説だという。

米子市の宿「東光園」で食べた大山おこわ。大山の信仰がこの大山おこわを生み、今も地元で愛されている。

おいしくて腹持ち抜群のモチモチおこわを携えて

大山には貯水力の高いブナ林が広がり、雨水を多く蓄える。大地に染み込んだ雨水が湧水となって大山の麓を潤わせてきた。大山の中腹にある「大山寺」の地蔵菩薩も、水と結びついて信仰されてきた。地蔵菩薩は山頂の池から現れ、命あるものすべてを救うと信じられてきたのだ。

人々は延命をもたらす「利生水」と地蔵菩薩の加護を求めて参詣し、牛や馬も救うということで牛馬信仰が広まり、それが牛馬の交換や売買につながり、市《いち》に発展したという。こうして多くの参詣者や牛馬市の関係者が往来する中で経済が発展し、宿で食事が振る舞われるようになり、携帯食として親しまれたのが「大山おこわ」のおむすびだ。

今でも家庭でも作られるなど、地元の方にとってなじみ深い料理だ。

今回は鳥取県米子市の宿「東光園」で大山おこわのおむすびを食べた。もち米100％、大山鶏や椎茸の出汁を吸い込んだ醤油味ベースのモチモチおこわ。おいしいだけでなく腹持ちもいいので、大山を歩く人々にとってごちそうだったに違いない。椎茸出汁と醤油の香ばしさがフワッと香り、鶏肉の脂でコクも感じられる。ボリューム満点なのに、お代わりまでしてしまった。炊飯器で手軽に作れるのもうれしい。

自然とともに暮らす日本では、その土地の自然を軸に信仰も歴史も経済も動く。そこに紐づいて食文化も発展したのだと改めて感じた。

日本のおむすび

中国 / 32

島根県

おむすび
63

かまどごはんの塩むすび

出雲神結米は次のURLから購入できる。
https://musubi-product.com

材料（6～8個分）

出雲神結米	2合
天然塩	適量

作り方

①かまどで米を炊き、塩むすびを結ぶ。

おむすび
64

山椒味噌のおむすび

材料（1個分）

温かいごはん ………… 茶碗1杯弱
山椒の若葉 ………… 30g程度
味噌 ………… 50g
煮切りみりん ………… 大さじ2

作り方

①山椒の葉は硬い軸を取り除き、すり鉢でする。
②①に味噌と煮切りみりんを加え混ぜる。
③山椒味噌を具材にしておむすびを結ぶ。おむすびの表面に塗るのもおいしい。

※山椒味噌は適量を具材に使うだけ。余った分は常備菜として活用できる。

山椒味噌に甘さが足りない場合は砂糖やみりんを加える。色あざやかにしたい場合は白味噌を使用する。

日本のおむすび

中国／ 32

島根県

他郷阿部家では「捨てられる予定のものに命を吹きこんできた」と登美さん。居心地のいい宿でおむすびを結んだ。

米のうま味を引き出す海士町の塩で、シンプルなかまどの塩むすび

出雲大社をはじめ、神話にゆかりのある島根。今も日常に神話が根づく島根の暮らしを通して、日本人が大切にしてきたものを再確認した。最初に向かったのは世界遺産に登録された石見銀山の麓、大森町にある「他郷阿部家」。築２３０年の古民家を蘇らせた宿だ。ライフスタイルブランド「群言堂」などを展開する「石見銀山生活文化研究所」の松葉登美さんがこの家に暮らしながら、少しずつ修復を重ねて完成した。

他郷阿部家では、島根の食材や調味料を使った優しい家庭料理を提供している。台所と食卓の真ん中、まるで暮らしの心臓のようにそこにある「おくどさん（かまど）」で米を炊いて結ぶ塩むすびがメインディッシュだ。

使う食材は出雲神結米と島根県の離島海士町でとれた塩。今回は私も一緒におむすびを結んだ。命が宿る家で命を結ぶ。私を支えてくれている命の存在をじっくりと感じることができた。

早速おむすびをいただく。キリっとした塩味やほのかな苦味を感じられる海士町の塩が米の味の輪郭を引き立たせてくれる。食事の合間に楽しめる小さめのおむすびたち。宿泊者みんなで囲む温かい食卓の真ん中で人と人を結んでくれていた。

おむすびを結ぶ前には美由紀さんと一緒に山に入って食材を確保。山の恵みだけでも豪華な食卓になった。

山で採った山椒の新芽を楽しむ、香り立つおむすび

次に取材したのは、出雲市で自然農法を営む坂本美由紀さん。美由紀さんに触発されて農業を始める人が増えるというほど、美由紀さんは楽しそうに農業をしている。料理の前に、まずは山へ。山椒の芽などの山菜や、テーブルを飾る植物を摘んで料理をスタートした。

美由紀さんが育てた米をかまどで炊き、山で摘んだ山椒の芽はすり潰して香り高い山椒味噌にしておむすびに合わせた。〝木の芽〟とも呼ばれる山椒の新芽は、辛さは控えめで爽やかな香りが鼻に抜ける。おむすびが温かいうちに頬張ると香りが際立つ。春のエネルギーを感じられた。ほかにも、手作りこんにゃくはお刺身に。

美由紀さんが育てたものや山で採ったもので料理がそろい豪華な食卓が完成。「食糧危機なんて誰が言うの！ 育てれば何でもあるわぁ！」と笑う美由紀さん。命の育て方といただき方を知る人は本当に強い。

いつか神話に詳しい人が言っていた。「神話は、一人じゃ何もできないと教えてくれている。たくさんの神がそれぞれの役割で国を創るのはそういうことだと思うんです」と。私たちは、一人では自分の命を支えることができない。生きるために食べるたくさんの命、暮らしを支えるモノに宿る命、その命を恵んでくれる自然のすべてがあって、私たちの命がある。見落としがちなことを、神々のいる島根で思い出した。

日本のおむすび

中国／ 33

岡山県

おむすび
65

ばら寿司のおむすび

作り方

①絹さやは軽く塩ゆでをして斜め半分に、エビは縦半分に、コハダの酢漬けは一口大に切る。
②炊飯したごはんにAを混ぜ合わせたすし酢を加え、酢飯を作る。
③ごはんを4等分して丸いおむすびを結ぶ。
④おむすびの上に錦糸卵、絹さや、コハダ、エビをのせる。

おむすびを結ばずにそのまま食べてもおいしい。

材料（4個分）

米……1合
A 砂糖……大さじ1
A 酢……大さじ1と½
A 塩……小さじ½
錦糸卵……適量
蒸しエビ……2尾
絹さや……2枚
コハダの酢漬け……2切れ

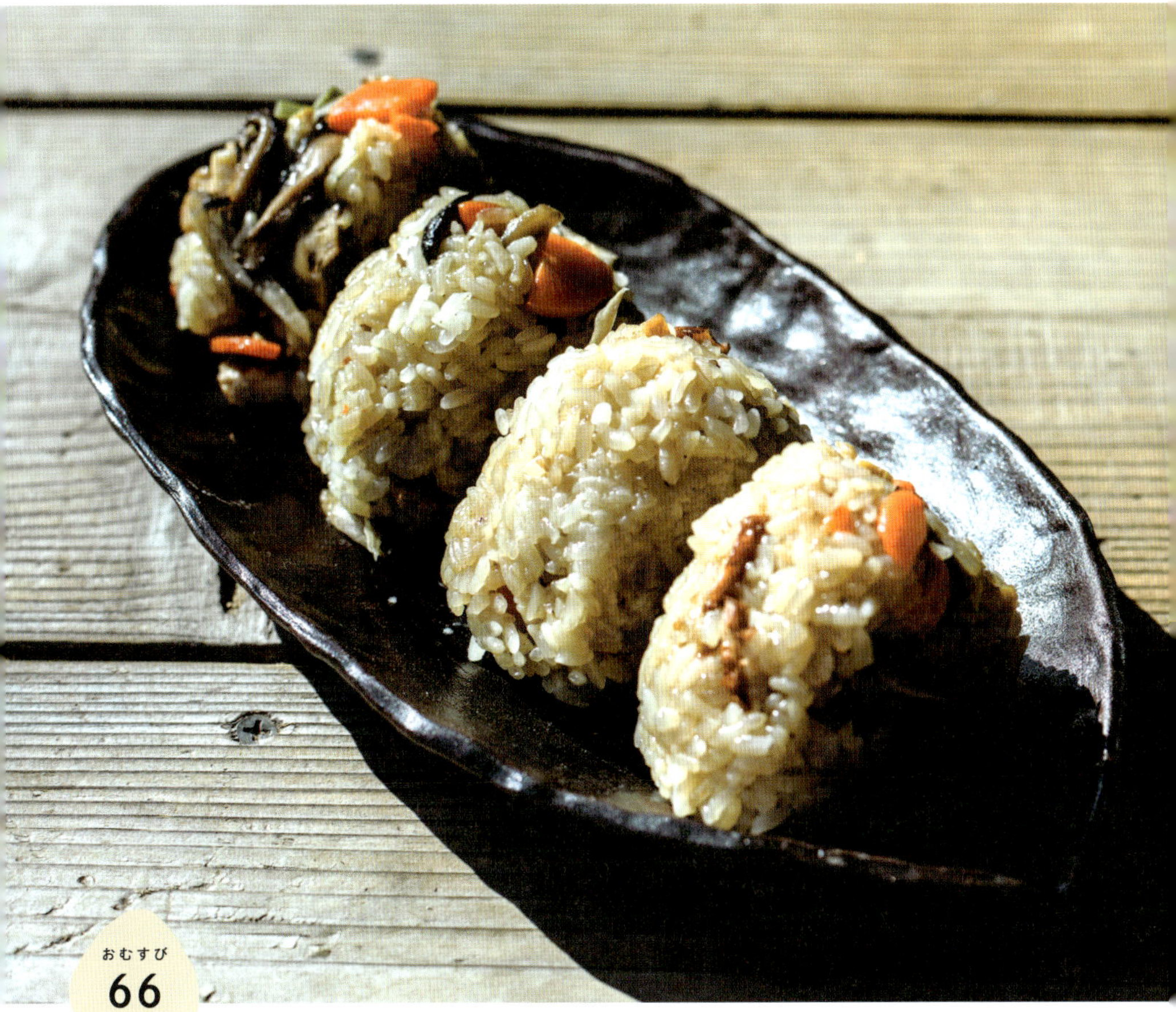

おむすび
66

鶏おこわのおむすび

材料（40個程度）

もち米	1升
うるち米	2合
鶏肉	300g
ゴボウ	150g
ニンジン	3本
ちくわ	2本
山菜水煮ミックス	2袋（150～200g程度）
フキ、タケノコ	あれば適量
A 醤油	130ml
A 酒	50ml
A みりん	50ml
A 砂糖	50g
A 出汁	100ml

作り方

①もち米とうるち米を合わせて洗米し、冷蔵庫で一晩水に漬け、しっかりと水を切る。

②鶏肉、ゴボウ、ニンジン、ちくわは角切りにしておく。山菜、あればフキ、タケノコは食べやすいサイズに切る。

③蒸し器にたっぷりのお湯を沸かしたら、濡らした蒸し布を蒸し器にセットする。蒸し布に①の米を、中央をややくぼませた状態で広げて布で包み、蒸し器の蓋をして20分ほど蒸す。

④細かく切った鶏肉を油（分量外）で炒め、Aを入れて煮立たせる。そこに、ゴボウ、ニンジン、ちくわ、山菜、フキ、タケノコを加え、柔らかくなるまで煮て、火を止めて味をなじませる。粗熱が取れたら、煮汁と具材を分けておく。

⑤蒸し器の米を一度寿司桶に移し、煮汁をかけて混ぜる。その後に具材も加えて混ぜる。

⑥もう一度、蒸し器に⑤を戻して30分ほど蒸し、米が柔らかくなっていたらおむすびを結ぶ。

日本のおむすび

中国／ 33

岡山県

人口約140人のうち移住者が40人という上山集落。外から来客があるとみんなでばら寿司を食べるという。

節約令をくぐり抜けた庶民の知恵が生んだばら寿司

岡山市内から車で1時間、のどかな田舎道と山道を抜けると現れる上山集落。営みを感じられる棚田に心を奪われた。迎えてくれたのは岡山県美作市の上山集落で活動する「英田上山棚田団」の水柿大地さんだ。

上山集落には日本最大級の棚田があり、最盛期には8300枚の田んぼが広がっていた。しかし高齢化や減反政策によって、2000年代に入るとそのうち9割近くが耕作放棄地になった。そんな中、外から移住してきた男性が田んぼの草刈りを始めたことをきっかけに、都心の人々が草刈りをするようになり、棚田団の活動へ発展していったという。

この地で訪れたのは、地元で生まれ育ったえっちゃん（須田悦子さん）の家。「お客さんが来たときはこれじゃけんな」と地元でハレの日によく食べているばら寿司を準備してくれていた。このばら寿司は江戸時代、岡山藩主が庶民に一汁一菜を強いる節約令を出した際、庶民が「魚や野菜を寿司に合わせても一菜」と対抗して生まれたという。

岡山県人のユーモアを感じるカラフルなばら寿司を半切り桶いっぱいに食べた。江戸時代には寿司飯の下に具材を隠していたそうだが、今は堂々と寿司飯の上に盛る。生の魚はあまり使わず、酢でしめた魚や炊いた野菜やエビ、錦糸卵など10種類以上を贅沢に盛りつけるのが特徴だ。おむすびにアレンジする際はお好きな具材をカラフルに彩ってほしい。

地元の人も移住者も混ざって食べた鶏おこわ。ゴロゴロした大きな具材に自然と笑みがこぼれ、仲が深まる。

山の幸が詰め込まれた具材たっぷりのおむすび

翌日は地元に暮らす人々を招いておむすび会を開催。最初に塩むすびを結んだ。白米が貴重だった時代でも、この地域は米が豊富にあり、塩むすびを食べることができたのが自慢だったのだという。

もう一品は、鶏おこわのおむすび。もともとこの集落には、庭で鶏を飼っている人が多く、卵を産まなくなった鶏をしめてすき焼きにしたり、おこわの具材にしたりしていたという。

最初に鶏肉や野菜などをたっぷりと炊く。その間にもち米を蒸し、途中でもち米と具材を合わせてさらに蒸し、もち米が柔らかくなったらもう完成だ。

蒸し器を開けた瞬間の香りも食欲をそそる。おむすびにして食べるとゴロゴロとした具材が楽しく、もち米が具材から染み出した出汁を吸っていて最初から最後までおいしい。山の幸が詰め込まれたおむすびだ。

みなさんと過ごしていて感じたのが、外から来た棚田団の人々が、地元のみなさんといい信頼関係を築いているということ。きっと地道に誠意を伝えることで、今のような関係になっていったのだろう。

今では荒れ果てていた棚田の約2割が美しい姿を取り戻したという上山集落。地域の課題を楽しさに変えて未来へつないでいく。そんな里山の守り方を見せてもらった時間だった。

日本のおむすび

中国／34

広島県

おむすび 67

比婆牛おこわのおむすび

下準備

ゴボウはささがきにして水にさらし、水気を切っておく。ニンジンは短めの千切り。干し椎茸は水で戻して細切りにし、椎茸の戻し汁は捨てずにとっておく。比婆牛の薄切り（牛スライス肉）のサイズが大きい場合は食べやすいサイズに切る。

作り方

①フライパンに油（分量外）をひき比婆牛の薄切りを炒め、ゴボウ、ニンジン、干し椎茸も加えて炒める。全体に火が通ったら、Aを加えて味つけをする。具材と煮汁とに分けておく。

②うるち米ともち米を合わせて洗い炊飯器に入れる。そこに①の煮汁と椎茸の戻し汁を炊飯器の目盛りよりやや少なめに入れる。具材もそこに加え、通常炊飯する。

③炊き上がったら全体を混ぜておむすびを結ぶ。

※枝豆で彩りを加えたり、七味を振ったりしてもおいしい。

材料（7〜8個分）

うるち米	1合
もち米	1合
比婆牛の薄切り	100g
ゴボウ	50g
ニンジン	20g
干し椎茸	1枚
A 醤油	大さじ2
A 酒	大さじ1
A みりん	大さじ1
A 砂糖	小さじ2

おむすび
68

香《こう》茸《たけ》のおむすび

材料（3個分）

温かいごはん ……………………… 300g
香茸の塩漬け ……………………… 15g

作り方

①香茸の塩漬けを細かく刻み、ごはんに混ぜておむすびを結ぶ。

香茸の塩漬けがしょっぱすぎる場合は水にさらして塩抜きをしてからごはんに混ぜる。

日本のおむすび

中国／34

広島県

和牛の産地として有名な西城エリア。地元では比婆牛の牛脂たっぷりのおこわが食べられてきた。

もち米と牛脂の黄金マリアージュ、比婆牛おこわ

広島では北部に位置する庄原市に向かった。広島駅から車で2時間かけて向かった先は、瀬戸内とは異なる山深い風景が広がっていた。

この地域のシンボルでもある比婆山は、現存する日本最古の書物『古事記』にも登場する歴史ある場所。出雲と同じような雰囲気を感じる。

そんな空気を感じながら向かったのは、「ゆうき会」のみなさんが待つ調理場だ。ゆうき会とは、地元産品を使った弁当などを作り、お祭りなどで提供している料理上手のお母さんたちのグループだ。

今回、教えてもらったおむすびは2種類。まずは比婆牛おこわのおむすびだ。庄原市の西城エリアは和牛の産地として有名で、最近では地元食材の宣伝でもしょっちゅう登場している。昔は一軒あたり2〜3頭の牛を飼っている家庭が多く、「牛のお陰で大学に行かせてもらった」という言葉がよく出るほど、和牛は大切な存在だったとか。ゆうき会のお母さんの家にも牛がいたそうで「子牛を見送るのが悲しくて、いっときは牛を食べられんかったよ」と話してくれた。

もち米が牛の脂をつやっとまとって、スッキリとした醤油味が牛の甘みやコクとのバランスを取ってくれる贅沢なごちそうおこわ。牛の命に感謝しながら大切にいただいた。比婆牛が手に入らない場合でも、適度な脂身のある和牛の薄切りを使えば、自宅でも再現できるだろう。

トリュフのように芳醇な香りが特徴の香茸。珍しい食材だが、庄原に暮らす人々の大切なごちそうだ。

トリュフのような芳醇な香りを楽しむ香茸のおむすび

次に教わったのは香茸《こうたけ》のおむすびだ。庄原に住む人はよく山に入って「なば（きのこ）」を採るそうで、それぞれ自分の城があるそう。自分で見つけたなばスポットは、子どもにも教えないという。

これほど人気のなばの中でも、「松茸よりおいしい」と評判なのが香茸だ。採れたての香茸はお吸い物に入れて香りを楽しめるし、乾燥や塩漬けにすれば年中楽しむことができる。今回は、塩漬けした香茸を刻んで、温かいごはんに混ぜておむすびにするレシピを教えてもらった。

香茸の代わりになるきのこはなかなかないため、簡単に自宅で再現することは難しいが、香茸の採れる地域の道の駅などでは売っていることもあるそうなので、見つけたらぜひ試してもらいたい。

出来上がった香茸のおむすびはシンプルで見た目の派手さはないけれど、まるでトリュフのような芳醇な香り。これは毎年のなば狩りがやめられないのも納得だ。庄原市ではほかにも、サメ肉を「ワニ」と呼んで食すなど、まだまだおもしろい食文化があるようだ。

今まで広島に対して持っていたイメージを覆された広島北部の山の暮らし。日本の地域はどこまでもおもしろい。観光地として名が挙がる場所以外にもどんどん足を運んでいきたい。

日本のおむすび

中国／ 35

山口県

おむすび
69

しそわかめのおむすび

萩・井上の「しそわかめ」は次のURLで購入できる。
https://webshop.hagiinoue.co.jp/i/161104

材料（1個分）

温かいごはん……茶碗1杯弱
萩・井上「しそわかめ」……適量

作り方

①温かいごはんで白むすびを結んで、しそわかめをまぶす。もしくは、しそわかめを温かいごはんに混ぜておむすびを結ぶ。

おむすび
70

百姓庵の塩むすび

材料（1個分）

温かいごはん ………… 茶碗1杯弱
百姓庵の塩 ………… 適量※

※指の腹3本でしっかりつまむ程度

作り方

①濡らした手のひら全体に塩をなじませて塩むすびを結ぶ。握手する程度の力加減で結ぶとほぐれる食感になる。好みで米に雑穀を混ぜてもおいしい。

百姓庵の塩で作った「おむすびがごちそうになるおしお」は次のURLで購入できる。https://www.okawaritokyo.com

「しそわかめ」が売れるまでの困難を幕末維新の志士から受け継いだマインドで乗り越えたという井上さん。

幕末の志士も愛した？伝統のサッパリおむすび

山口の郷土食でもある、ワカメむすびの文化から着想を得て生まれた地元で大人気のソフトふりかけがある。それが「井上商店」の「しそわかめ」だ。県民のソウルフードを生み出した井上商店に取材に訪れた。場所は萩市。長州藩の城下町として栄えた町で、吉田松陰の松下村塾や伊藤博文や木戸孝允の旧邸など、幕末の志士ゆかりの地が残る。長州では刻んだワカメをまぶして食べる習慣があったという。きっと明治維新の立役者たちもワカメむすびを食べていたと思うとワクワクする。

この商品を開発した井上商店四代目であり現会長の井上伊三郎さんは長州藩士が剣と槍の鍛錬を積んでいた「有備館」で剣道を習っていた生粋の長州人だ。「この地の暮らしや歴史に溶け込んでいる食文化を商品化したいと思ってソフトふりかけの商品化を進めたんです」と明かす。

このしそわかめを使ったおむすびを結んだ。しそわかめを白むすびにまぶすと伊三郎さんの指導が入る。「ワカメが少ない。ごはんが見えないくらいまぶさないと。そうそう、それでこそ長州ワカメむすび」

合格をもらったところで一口頬張ると、磯の香りに爽やかなシソの香りが加わってサッパリと食べやすい。もし、昔ながらのワカメむすびを試してみたいなら、塩蔵ワカメを軽く戻して、絞ったものを刻んでおむすびにまぶしてみてもいいだろう。

「“生き方”を食べるつもりで食材と向き合ってほしい」という雄然さん。そんな思いで塩を造っている。

塩の甘みやうま味を堪能する芳醇な塩むすび

次に向かったのは長門市の「百姓庵」。私がおむすびを結ぶときにお世話になっている塩屋さんだ。ここで塩造りをしている井上雄然さんの塩はしょっぱいだけでなく、甘みやうま味などが複雑に感じられる。

この塩を使っておむすびを結ぶと、塩むすびがごちそうになる。私を「旅するおむすび屋」にしてくれた塩と言っても過言ではない。しっかりと塩の味を感じてほしいので、指の腹3本でしっかりと塩をつまむくらいの量を使って塩むすびを結んでほしい。

「人と自然の共生について伝えたいと思って全国を探し回ってたどり着いたのがこの場所でした。長州の時代から魚付林政策が実施され、魚が育つように森を守ってきている。森も50％以上が原生林でそのままの自然が残っているんです。だから海が豊かで、その恵みで滋味深い塩が生まれるんです」と教えてくれた。

百姓庵では塩造りだけでなく、農業や養豚なども手がけている。山の中で育つ豚や、塩造りの副産物であるにがりを肥料にして育てられた野菜、目の前の海で獲れた魚、そして素材の味を引き出す塩が並んだバーベキューなども提供していて、命そのものを感じられる。

吉田松陰が教えていたのは「志を持って世のために何ができるかを考え、行動する」こと。それを体現した食の先輩たちに出会えた旅だった。

四国

徳島県／香川県
愛媛県／高知県

日本のおむすび

四国／36

徳島県

おむすび

71

神山流ねこまんまのおむすび

おむすびを結ばず、お茶碗によそった状態でそのまま食べてもいい。

材料（1個分）

温かいごはん……茶碗1杯弱

スダチ……½個

鰹節……⅓パック程度（お好みで）

醤油……適量

作り方

①温かいごはんに醤油を回しかけ、スダチを搾り、鰹節を加えて全体をさっくり混ぜる。

②おむすびを結んだら完成。

おむすび
72

スダチとちりめんのおむすび

材料（6〜8個分）

米	2合
A スダチ果汁	大さじ2
A 米酢	大さじ2
A 砂糖	大さじ2
A 塩	小さじ1
ちりめんじゃこ	30g
ミョウガ（千切り）	2〜3本分

作り方

①寿司飯用に水分を少なめに米を炊き、炊けたらすぐに寿司桶、もしくはボウルに移す。

②ごはんが熱いうちに、Aの合わせ酢を回しかけ、切るように混ぜる。

③酢飯にちりめんじゃこと千切りにしたミョウガを混ぜておむすびにする。スダチの薄いスライスを表面に飾るとかわいい。

※白炒りゴマを混ぜてもおいしい。

日本のおむすび

四国／ 36

徳島県

神山の標高が高い場所は寒暖差が大きく、香り高いスダチが育つ。地道にスダチのPRを続けて、生産量日本一となった。

スダチをギュッと搾った爽やかな神山流ねこまんま

地域創生の話題になると成功事例として頻繁に登場する徳島県の神山町。今では全国から移住者が相次いでいる。私が前職で地域創生に関わるようになったときに初めて研修に訪れたのも神山だった。当時は、地元の人々が若い移住者を受け入れ、見守り、そっと背中を押している姿に感銘を受けた。今回は、この神山を食の観点から深掘りした。

最初に向かったのはスダチ畑。神山町は人口５０００人弱なのに約５００軒のスダチ農家がある日本一のスダチの産地だ。車を走らせていると山々の合間にスダチの木々が広がる。もとは住民の庭にスダチの木が植えられていたが、商用として栽培されてはいなかった。それが約70年前、神山で盛んだった養蚕などに行き詰まりを感じた地元農家が相談し、スダチの商用化を進めた。当初は見向きもされず笑われることもあったが地道に宣伝を続けて全国に広め、今では日本最大の産地になった。

そこで今回は、神山にとって大切なスダチを使ったおむすびを、地元のお母さんたちに教えてもらった。

「待ちくたびれたわ〜！　おむすびは握らんで待っとったんよ〜！」と私たちの到着時間のずっと前から準備をしてくれていたみなさんと、挨拶もそこそこに、おむすびを結ぶところからスタートした。

一つ目のおむすびは「神山流ねこまんま」。温かいごはんに鰹節をか

おむすび以外の郷土料理も教えてもらったが、ほぼすべての料理にスダチを搾るのが神山流だ。

けてスダチをギュッと搾る。少し醤油をかけてもおいしい。お茶碗によそったごはんにスダチをギュッと搾るのは地元でもよくする食べ方なのだという。上品で爽やかなスダチの香りと鰹節のスッキリとしたうま味や香ばしさがごはんによく合う。スダチだからこそなせる技だろう。

お酢とスダチを合わせた混ぜ寿司のさっぱりおむすび

二つ目のおむすびは、お酢とスダチを合わせて作る混ぜ寿司。夏らしくミョウガとちりめんでさっぱりと仕上げた。お酢だけのお寿司よりも爽やかさがプラスされるし、具材が少なくてもスダチのお陰で華やかさを感じられる。自宅でも簡単に再現できるだろう。

おむすびのほかにも、徳島の郷土食の「そば米汁」などを準備してくださった。驚いたのは「これにもスダチかけようか」と、ナチュラルにほぼすべての料理にスダチを搾っていたこと。

「スダチがないと物足りない」という地元の人々の暮らしを垣間見た瞬間だった。食後には自家製のお菓子も出してくれて、楽しい時間はあっという間に過ぎていった。

帰り際「みんなが来てくれてるのが楽しくてうれしくて、加工場を続けてるんよ。また来てね」という笑顔がとてもうれしく、神山に移住する人々に深く共感して、町を後にした。

日本のおむすび

四国／37

香川県

おむすび 73

イリコ飯のおむすび

作り方

①干し椎茸を戻しておく（戻し汁はとっておく）。
②イリコは頭と内臓を取っておく。
③ニンジンと油揚げは細切りにし、干し椎茸は5㎜幅の角切りにする。
④炊飯器に洗った米と②のイリコ、③の具材を入れ、醤油を加えたら2合の目盛りまで干し椎茸の戻し汁を入れ、足りなければ水を追加して、炊き込みモードで炊飯する。
⑤炊き上がったイリコ飯でおむすびを結ぶ。

材料（6〜8個分）

米	2合
イリコ	15g
ニンジン	60g
干し椎茸	2枚
油揚げ	40g
薄口醤油	大さじ1と⅓

おむすび
74

梅鯛飯のおむすび

材料（6〜8個分）

米	2合
鯛	2切れ
梅干し	2粒
昆布	10㎝角1枚
A 薄口醤油	大さじ1と½
A みりん	大さじ2
A 酒	大さじ2
三つ葉	適量

作り方

①鯛の切り身に塩（分量外）を振り、冷蔵庫で30分ほど置く。鯛から出てきた水分をキッチンペーパーで拭く。

②炊飯器に洗った米を入れ、目盛りまで水とAを入れ、①の鯛切り身と梅干し、昆布を入れて炊飯する。炊けたら、梅干しを崩しながら全体に混ぜ込む。

③鯛めしでおむすびを結び、彩りで三つ葉を彩る。

※梅干しの塩分によって醤油の量を加減する。

イリコ飯は栄養がたっぷりで家庭料理として理想的。三好さんも子ども時代によく食べていたそう。

讃岐うどんのうま味をそのまま！イリコ飯のおむすび

香川を訪れて驚いたのは、まるで絵に描いたような円錐の山がポコポコと並んでいる景色。地元では「おむすび山」と呼ばれているという。ため池も多い。香川は雨が少ないため、農業用水用のため池を作ってきた。水だけでなく県土の面積も日本一小さく、農地も限られている。農地を有効活用すべく、米と麦の二毛作が盛んになったという。

海岸では塩造りが行われているし、小豆島では醤油造りが盛んでいい出汁の出るイリコ（煮干し）もある。人々の暮らしの糧となった小麦とほかの資源を合わせて生まれたのが讃岐うどんだ。讃岐のうどんに欠かせないイリコをごはんに合わせる文化があるということで取材をした。「イリコの島」として有名な伊吹島。イリコの原料となるカタクチイワシを獲ると、高速船で加工場へ運び、漁獲後30分以内に加工開始。このスピード感が伊吹イリコのおいしさの秘訣なのだそう。そんな伊吹島の出身で18歳までイリコ漁を手伝い、現在は観音寺市内で飲食店を経営する三好良平さんに、島の味の「イリコ飯」を教わった。具材はたっぷりのイリコ、油揚げ、ニンジン、椎茸。イリコのうま味がたっぷりで、まるでうどんの出汁を濃縮したかのよう。良質なイリコだから魚臭さもまったく感じない。自宅で試してみる際には、小さめのイリコを使うと食べやすく仕上がる。

福島ファミリーの歌に出てくるばぁばが、地元の食材を使った料理を手際よく作って教えてくれた。

島のばぁばが作るさっぱりした梅鯛飯のおむすび

伊吹島はイリコの島として有名だが、もとは鯛漁が盛んで新鮮な鯛を大阪や京都に届けていたそう。関西に荷物を運んで帰ってくる人の労をねぎらうごちそうとして、瀬戸内海側で鯛飯の文化があったようだ。

鯛飯のおむすびを教えてくれたのは、アートの島としても有名な直島で、音楽活動をしている福島節さんご一家。福島さんは、直島の生活を歌にしているが、そこに度々、「ばぁば」が登場する。このばぁば、こと三田和子さんが、地元のおいしい料理を教えてくれた。

直島に学童保育がなかった頃には、最大13人の子どもたちを放課後に預かっていたというばぁばは、料理の手際がよく、次々とごちそうを出してくれる。そのメインディッシュが鯛めしだ。

ばぁばは、県内の山側の出身のため、魚はそんなに好きではなかったそう。それでも島に嫁いだからには地元の魚を食べなくちゃならない。そこで工夫して生まれたのが、梅干し入りの鯛飯だ。郷土の味と母の知恵とのかけ算で生まれた特製レシピだ。梅干しの酸味が鯛の臭みを消すだけでなく甘みを引き出し、さっぱりと香りのいい鯛飯になる。彩りも美しい。作り方は鯛飯を作る際に梅干しを一緒に炊き込むだけ。いつもの鯛めしの味変としてもオススメだ。

香川のうどんの文化は米にまつわる文化にもつながっていった。

日本のおむすび

四国／38

愛媛県

おむすび 75

来島真鯛の鯛飯のおむすび

材料（6～8個分）

米	2合
天然真鯛	小1尾（400g程度のもの）
松山あげ	1枚
昆布	1cm角1枚
水	500ml程度
ショウガの細切り	20g程度（お好みで）
A 薄口醤油	大さじ2
A 酒	大さじ1

作り方

①鯛の切り身と頭、血合いをきれいに取り除いたアラに塩（分量外）を振り、冷蔵庫で30分ほど置く。鯛から出てきた水分をキッチンペーパーで拭く。

②①を魚焼きグリルで焦げ目がつくまで焼く。アラは焦げやすいので先に取り出し、身は皮目に焦げ目がつけばいい。

③鍋に水と昆布を入れて1時間ほど浸し、焼いた鯛のアラも入れて弱火で出汁をとる（切り身は入れない）。アクが出たら取り除きながら15～20分ほど煮る（沸騰させないよう注意）。火を止めて、粗熱が取れるまで冷ます。

④炊飯器に米を入れて、目盛りまで③の出汁とAを入れる。焼いた鯛の切り身と大きめにちぎった松山あげ、ショウガの細切りも加えて炊飯し、おむすびを結ぶ。

おむすび
76

エビ味噌のおむすび

材料（1個分）

温かいごはん……………茶碗1杯弱
殻つきの小エビ（アカエビなど）20尾程度
米油……………大さじ4
麦味噌……………90g
みりん……………大さじ3
ショウガのみじん切り※……………10g程度

※ショウガはお好みで。無くてもOK。
お好みで海苔を巻いてもいい。

※「映日果」のエビ味噌は、次のURLで購入できる。https://eejikka.easy-myshop.jp/

作り方

①小エビの身をむき1cm大に刻み、殻と頭は取っておく。
②鍋に米油をひき、①のエビの殻と頭を入れて中火にかける。
③グツグツとしてきたら焦げないように弱火にし、ヘラでエビの殻と頭を軽く潰しながら油にエビの香りを移し、殻と頭を取り出す。
④③に麦味噌、みりん、ショウガ、①のエビの身を加えて弱火にかける。エビに火が通りとろみが出たら完成。
⑤エビ味噌を具材に、おむすびを結ぶ。

※エビ味噌は適量を具材に使うだけ。余った分は常備菜として活用。

「浜の台所 潮里」のまるみさんが作る鯛飯のコツは、鯛の骨まで一緒に炊飯すること。うま味を存分に楽しめる。

松山あげのコクをふんだんに吸い込んだ鯛飯のおむすび

愛媛といえばミカン、今治タオル。そんなイメージしかなかったけれど、取材では美しい瀬戸内海が育んだ食文化に出合うことができた。最初に向かったのは愛媛県今治市の港町にある「浜の台所 潮里」の廣瀬まるみさん。まるみさんが教えてくれたのは「潮里」の人気メニューであり、地元の郷土食である鯛飯だ。真鯛は愛媛の県魚で、天然真鯛の漁獲量も養殖真鯛の生産量も全国トップレベル。「潮里」では近海で獲れた天然真鯛を使っているという。臭みがなくていい出汁がとれるので、出汁用のシートで骨も包んで一緒に炊飯するという。鯛のうま味を余すことなく米に吸わせるのだ。

鯛以外にもう一つ味の決め手がある。「鯛飯はからあげがないと味が決まらんのよ」。からあげとは、「松山あげ」という油揚げのこと。米と一緒に鯛のうま味を吸ってコクを増してくれる存在だ。

鯛飯のおむすびの作り方を教えてもらっていると、「潮里」の仲間が昼食を差し入れてくれた。持ってきてくれたのは混ぜごはんの「もぶり」。今治では魚を使ったもぶりが多く、ハマチのカマを使って魚をムダなく食べ切る。里芋などの野菜もたっぷり入っているので栄養豊富だ。

なお、愛媛では炊き込むタイプの鯛めしだけでなく、宇和島を中心とした南予エリアでは、鯛の刺身をタレに漬け込んで温かいごはんにのせ

かつては村上水軍が拠点としていた瀬戸内海の大島。郷土料理を通して過去の武士たちの横顔が見えてくる。

て食べるタイプの鯛飯もある。これは、宇和海に位置する日振島を拠点にしていた海賊が船上で食べたのが始まりだと言う。

あの海賊が愛した？　甘いエビ味噌のおむすび

愛媛はかつて伊予水軍と呼ばれる海賊が活躍した場所で、特に有名なのは、織田信長の活躍した時代に〝日本最大の海賊〟と称された村上水軍だ。村上水軍は武士として戦ったり、瀬戸内海の水先案内人となったりして地元の海を守っていた。そんな村上水軍の拠点となる瀬戸内海、大島の宮窪地区へ。ここには、「エビ味噌」という郷土食がある。たっぷりのエビと、地元の麦味噌がベースになった甘めのおかず味噌だ。これを商品化しているNPO法人「能島の里」を訪れた。

昔は麦飯にこのエビ味噌とたくあんを合わせて食べるのがごちそうだったという。大島は今でも村上姓の人が多く、このエビ味噌は、海賊たちが活躍していた頃から家庭の味として楽しまれていたかもしれないのだそう。なんだかロマンを感じるエビ味噌だ。エビの殻から出汁をとることで濃厚なエビのうま味と香ばしさのある味噌に仕上がる。おむすびにはもちろん、チャーハンや野菜炒めの隠し味としても使える。

歴史の教科書に出る海賊たちにも暮らしがあり、そこで生まれた食は今につながっている。先人の存在を身近に感じられる愛媛の旅だった。

日本のおむすび

四国／39

高知県

おむすび 77

タケノコのおむすび

作り方

①タケノコは一口大に切り、油揚げは細かい短冊切りにする。

②炊飯器に米、カツオ出汁とAを混ぜたものを入れ、タケノコと油揚げをのせ、炊飯する。

③炊き込みごはんが完成したらおむすびを結ぶ。鰹節をかけて食べてもおいしい。

タケノコや油揚げを使って炊き込みごはんを作ればほぼ完成だ。

材料（6〜8個分）

米	2合
ゆでたタケノコ	160g
油揚げ	½枚
カツオ出汁※	約360ml

※調味料と合わせて炊飯器の目盛りが2合になるよう調整。出汁をとったら冷ましておく。

A 醤油	大さじ2
A みりん	大さじ1
A 酒	大さじ1
A 塩	2つまみ

おむすび
78

ひっつけ

材料（1個分）

温かいごはん……………………80g程度
魚の切り身……………個数に合わせて
塩…………………………………………適量

作り方

①少なめの塩で俵形におむすびを結び、お好みの刺身をのせる。
②魚種によって醤油をつけて食べたり、炙って塩を振ったりしてもいい。

ひっつけに使う食材は、おむすびを結ぶ前に火で炙ってもおいしい。

山で採れる食材を使ってさまざまなおむすびを作る。山の彩りが表現され、もはや一つのアート作品のよう。

鰹節の出汁とタケノコ本来の甘みがおむすびに凝縮

私がよく通っている県の一つが高知県だ。通いたくなる理由は歓迎ムードを感じられるから。どこを訪れても気前よく迎え入れてくれる。高知市内から車で30分ほど、ぐんと山道を登った先にある土佐山村。私が高知に来るきっかけとなった場所に向かった。

今回、おむすびを教えてくれたのはNPO法人「土佐山アカデミー」で地域活動をしている中山久実さん。まずは中山さんと一緒に土佐山を散策しながら、山菜の採り方や食べ方を教えてもらった。「小さい頃、山へ遊びに行くときには必ず塩を持って、山菜を食べよったんです」。そばにある自然の恵みを生かす力は、幼い頃から育まれてきたようだ。

土佐山の山の恵みをおむすびに。取材の時季に旬だったタケノコの炊き込みごはんや山菜のエビナごはん、柚子味噌、梅干しなど。おむすびで山の彩りや豊かさが表現されていて本当に美しい。レシピで紹介したタケノコの炊き込みごはんのおむすびは、高知らしく鰹節の出汁をきかせたシンプルで優しい味。タケノコ本来の甘みや歯触りを楽しめる。できるだけ新鮮なタケノコで作るのがポイントだ。

出来上がったおむすびは大皿に盛る。これも高知のスタイルだ。高知では宴会を「おきゃく」と言い、親族や地域の人などが事あるごとに集まっては、おきゃくを開く。そのときに欠かせないのが、大皿に海・山・

海の幸のひっつけや、濃厚な鯛のアラ汁を漁港で食べた春の昼下がり。どちらも手軽に作れるが味はピカイチだ。

川の幸を使ったさまざまな料理を豪快に盛る「皿鉢《さわち》料理」だ。みんなで大皿に盛られた料理を食べながら、お酒を飲む。今回も「せっかく来てくれたから」とおきゃくを開いてくれた。

白ごはんのおむすびに刺身をのせたら、もう完成

山の次は海の街、須崎市へ。訪れた野見湾はカンパチ養殖発祥の地。養殖といえど天然飼料にこだわって伸び伸びと育てているカンパチは、脂身が甘くてプリプリとした食感に定評がある。そんな高級カンパチなど、須崎の海の幸をふんだんに準備してくれていたのが、野見湾漁協組合長の西山慶さん。漁師の西山さんが自らカンパチをさばいてくれた。教えてくれたおむすびは「ひっつけ」。見た目はお寿司のようだが、酢飯ではなく白ごはんを結んで、その上にお刺身をのせて食べる。「ひっつけ」とは「くっつける」という意味で、山側ではミョウガや椎茸など、野菜のひっつけもあるようだ。カンパチをはじめ、地元の魚を使ったひっつけや、鯛のアラを炙って骨ごと炊いた鯛めしのおむすびなどを、立派な皿鉢に盛っていく。濃厚な鯛のアラ汁「潮汁《うしお》」が完成したところで、漁港で海を眺めながら「いただきます」。一口食べると、魚と白ごはんで、小さな魚定食を頬張っているような感覚だ。高知の「同じ皿の飯を食う」という歓迎のスタイルが私を引きつけている。

九州・沖縄

福岡県／佐賀県／長崎県
熊本県／大分県／宮崎県
鹿児島県
沖縄県

日本のおむすび

九州／沖縄 40

福岡県

おむすび 79

手作り明太子のおむすび

作り方

①生タラコを洗って血管などを取り除き、水気を拭く。バット（もしくはタッパー）に並べて軽く塩（分量外）を振ってラップをかけて1～2晩冷凍し、冷蔵庫で解凍する。
②日本酒に塩（日本酒に対して10%程度）を入れて混ぜ、①のバットにタラコが浸る程度の量を注ぐ。冷蔵庫で一晩漬けておく。
③タラコを取り出して軽く洗い、水気を拭く。タラコをバットに並べ、ラップをせずに1～2時間冷蔵庫に入れて乾燥させる。
④鍋に酒とみりん、昆布を入れて中火にかける。ふつふつと煮出す直前に昆布を取り出し、中弱火で5分ほど煮詰める。
⑤鰹節を加えて1分ほど煮出して火を止め、鰹節をキッチンペーパーなどでこす。出汁が温かいうちにAを加えて混ぜて冷ます。
⑥消毒した器に乾燥させたタラコを並べ、⑤の漬け汁に漬けて冷蔵庫に入れる。
⑦3日後から食べられる。冷蔵庫で4～5日保存可能。
⑧手作り明太子を具材に、おむすびを結ぶ。

※手作り明太子は適量を具材に使うだけ。余った分は常備菜として活用できる。

材料（1個分）

温かいごはん	茶碗1杯弱
生タラコ	2腹
日本酒	適量
塩	日本酒の10%程度
【漬け汁】	
日本酒	1カップ
みりん	大さじ2
昆布	5cm角1枚
鰹節	5g
A 醤油	小さじ1
A 砂糖	小さじ1
A 韓国産赤唐辛子（粉）	15g

※お好みで海苔を巻いてもいい。

おむすび
80

ぬかだきのおむすび

材料（1個分）

温かいごはん……茶碗1杯弱
ぬかだき……30g程度
白炒りゴマ……小さじ½

作り方

①ぬかだきの骨を取り除き、粗めのフレーク状にほぐす。
②温かいごはんに①とゴマを混ぜておむすびを結ぶ。

※お好みで大葉などを入れてもおいしい。ぬかだきが手に入りづらい場合は、青魚の味噌煮などを使うといいい。臭みが気になるならショウガや大葉を混ぜる。

宇佐美商店のぬかだきは次のURLから購入できる。
https://100nenndoko.official.ec

福岡県

「明太子ってすごく自由で楽しいですよ」と語る智佳子さん。手作りなら自分好みの味に仕上げることも。

自家製明太子でサッパリが売りの明太子おむすび

福岡県北九州市は私の出身地。私の思い出のおむすびは中学時代、母親が放課後に作ってくれた明太マヨおむすびだ。ラップを開けると海苔の香りが漂って空腹が刺激され、二口くらい頬張ったときにこってりとした明太マヨが口に入り、一気に最後まで平らげるのが至福だった。

そんな思い出もあって向かったのは小郡市。30年以上明太子を手作りしている稲益智佳子さんが迎えてくれた。訪れた先で体験したのは、初めての明太子作りだ。スケソウダラの卵に、カツオ出汁、醤油、みりん、酒、砂糖少々を混ぜた液に卵を漬けて、上から唐辛子や昆布などを散らす。1日1回、卵を裏返して味を両面に染み込ませ、4日ほどで完成だ。明太子はいろいろとアレンジもきくようで、茶葉を一緒に漬けたり、シークワーサーを加えたりすると、爽やかな明太子ができる。

無添加の漬けだれで智佳子さんが作った明太子でおむすびを作った。すると、えぐみや臭みがなくサッパリしたうま味でとても食べやすい。中学時代のことを思い出して、キュンとした。明太子のおむすびは海苔との相性が抜群。ぜひ海苔を巻いて食べてほしい。

明太子を発明したのは「ふくや」創業者の川原俊夫さん。韓国・釜山で生まれ育った川原さんは、当時食べていたキムチ味のタラコに着想を得て日本人の口に合うように改良。川原さんはなんと、この明太子を、

旦過市場で人気店の宇佐美商店。北九州の食卓には欠かせないぬか床を調味料に使うのが珍しい。

商標登録や製法特許を取らず、無料で広くレシピを公開した。結果、今では福岡県内だけでも２００近い明太子店ができたのだとか。

青魚をぬか床で炊き込んだ異色のヘルシーおむすび

次に向かったのは故郷の北九州市。祖母とときどき訪れていた「旦過市場」に向かった。小倉駅前の繁華街からすぐそばにある昭和感あふれる商店街だ。飲食店から魚店、惣菜店などがひしめきあっている。

その中の何店舗かで販売しているのが「ぬかだき」「ぬかみそだき」といった名前で愛されている、青魚をぬか床で炊き込んだ郷土料理。全国的にも珍しいぬか床を調味料とした料理だが、ぬか床が青魚の臭みを取り除き、発酵による酸味やうま味を加えてくれる。

旦過市場の中でも人気店の「宇佐美商店」を訪れた。３代目である宇佐美雄介さんの祖母が嫁入り道具として持参した〝百年床〟を守りつないでぬかだきを作っている。しっかりした味のぬかだきは、ほぐして混ぜごはんにしておむすびにするのも抜群に合う。魚の身までしっかりと味の染みたぬかだきが米の甘みを引き出す。炒りゴマや青シソと合わせてもおいしい。ぬか床が自宅にあるなら、ぬかだき作りにも挑戦してほしい。「伝統を守りながらも、挑戦を重ねてぬかだきを全国に広めたい」と語る宇佐美さん。私の地元の味が広がる未来に心が躍った。

おむすび 81

漁師の海苔巻きおむすび

海苔を少し炙ると一層、香ばしい。藤川直樹さんの海苔は、通販サイト「ポケットマルシェ」などで購入できる(売り切れ次第終了)。

材料(1個分)

温かいごはん……茶碗1杯強
焼き海苔……全形1枚分

作り方

①少なめの塩(分量外)で大きなおむすびを結び、海苔を豪快に巻く。海苔がパリパリのうちに食べる。

おむすび
82

伊万里の鶏飯のおむすび

材料(6〜8個分)

米 …… 2合
鶏モモ肉(できれば親鳥) …… 120g
ゴボウ …… 100g程度
A 醤油 …… 大さじ2と½
A 砂糖 …… 大さじ1
A みりん …… 大さじ1強
A 酒 …… 大さじ1

作り方

①洗った米を炊飯器の目盛りより少し少なめの水で炊く。
②ゴボウはささがきに、鶏肉は1cm角に切る。
③油(分量外)でゴボウを炒め、香りがしてきたら鶏肉も加えて炒める。
④鶏肉に火が通ったらAを加えて煮詰める。
⑤炊けたごはんに④を煮汁ごと加えて混ぜ、おむすびを結ぶ。

海苔漁師の間で評判の藤川さん。「目標は佐賀の生産者ば減らさんこと、海苔の産業をなくさんこと」と語る。

噂の海苔漁師が作った贅沢な海苔巻きおむすび

「佐賀にめちゃくちゃおいしい海苔を作る漁師がいる」。全国の海苔漁師に評判の人がいる。海苔好きの私としては会いに行くしかない。

さっそく佐賀市へ。ここは有明海苔の産地として有名で、海岸には有明海特有の干潟が広がっている。迎えてくれたのは噂の海苔漁師、「昇海水産」の藤川直樹さんだ。「とりあえず海苔ば食べんね」と言って、早速、海苔を炙ってくれた。藤川さんの噂を伝えると、「ほとんど自然のお陰。海苔漁で人間の腕が生かせるのはたかが1割2割よ」との答え。けれど、その1〜2割の部分にどれだけ真剣に取り組んでいるのかは、藤川さんの海苔を一口食べると分かる。歯切れのいいサクッとした食感なのに、口に含むとトロリととろけて、うま味と香りが膨らんでいく。

この海苔を一枚分、豪快に使って白むすびを包むのが藤川さん流だ。海苔に塩味とうま味があるので、おむすびを結ぶ塩はなし、もしくはほんの少しでいい。海苔がパリパリのうちに大きく頬張ると海苔のインパクトが押し寄せた後、米との出合いでうま味や甘みの余韻が広がる。「やっぱりおいしかっちゃね」と大きな口で頬張る藤川さん。海苔漁で忙しいときも、このおむすびで乗り切っているそうだ。

藤川さんは家業の海苔漁師を継いだ。海の上で船を寄せて同世代の漁師たちと海苔の話や遊びの話をしたり、海苔養殖の過程を互いに見せ合

明るくエネルギッシュなエプロン会のみなさん。「今日はぬか床の機嫌がよか！」と笑いながら料理を教えてくれた。

って勉強したり。いい仲間に囲まれ、互いに切磋琢磨してこられたからこそ、佐賀有明の海苔の文化がしっかり育まれてきたのだろう。

鶏の出汁とゴボウの香ばしさを楽しむ鶏めしおむすび

次に向かったのは、伊万里市。料理好きのお母さんグループ「エプロン会」へ。リーダー田中洋子さんをはじめ、みなさんのエネルギッシュで陽気な空気感で、九州人の陽気さを凝縮したようなエネルギーだ。

今回のメインディッシュは「鶏めし」。この地域ではお盆や正月、運動会などの大切な日に鶏めしを食べてきたという。昔は庭先の親鳥をしめて作っていたとか。

この地域の鶏めしは米と具材を一緒に炊き込むのではなく、炊いたごはんに具材を混ぜるスタイル。具材にも汁気があるので、水を少なめに炊飯するといい。鶏からの出汁とゴボウの香ばしい香りが米にも移っていてたまらない。

鶏めし以外にもたくさんの料理を準備してくれた。「こんなの全然ごちそうやなかよー！　ごちそうだったらこんなもんじゃない！」と笑い飛ばす規格外のおもてなし精神に、食事中ずっと笑いが絶えない。

仕事に誇りを持ち、年齢を重ねても楽しみにあふれている姿。素敵な先輩たちの姿を見て前向きに自分の人生を考える時間にもなった。

日本のおむすび

九州／沖縄 42

長崎県

おむすび
83

甘めの焼きむすび

甘めのタレを使うと壱岐島らしさが表現できる。照り焼きを作った際にフライパンに残ったタレ(鶏のうま味が出たもの)を使ってもいい。

材料(1個分)

温かいごはん	茶碗1杯弱
焼き鳥のタレ	適量

作り方

①温かいごはんをしっかりめに結んで白むすびにする。

②フライパンでおむすびを焼き、焼き目がついたところでタレを塗ってさらに香ばしい香りがするまで焼く。

おむすび
84

ウニのおまぜ

材料（6〜8個分）

米	2合
太めの切り干し大根	15g程度
ニンジン	70g
ゴボウ	70g
ウニ	100g
A 砂糖	大さじ2
A 酢	大さじ3
A 塩	小さじ1
B 砂糖	大さじ1
B 醤油	大さじ1
B みりん	大さじ1

下準備

・切り干し大根はサッと洗い、水で10分ほど戻し、1cm幅を目安に切っておく。戻し汁は捨てずにとっておく。
・ニンジンは短めの千切りに、ゴボウはささがきにして水にさらす。
・調味料Aを混ぜてすし酢を作っておく。

作り方

①洗った米を寿司飯モードで炊飯する（もしくは水を少なめで炊飯する）。
②調味料Bと切り干し大根の戻し汁100mlを煮立たせ、ゴボウ、ニンジン、切り干し大根を入れて再度煮立たせ、弱火で5分ほど加熱する。さらにウニを加え3分ほど加熱し、火を止めて冷ましておく。粗熱が取れたら具材と煮汁に分けておく。
③米が炊けたら熱いうちに寿司桶、もしくはボウルに移し、合わせておいたすし酢を加えて切るように混ぜる。②の具材を加えて全体を混ぜ、おむすびにしたら完成。

日本のおむすび

九州／沖縄 42

長崎県

刺身やアワビを堪能し、シメに出てきたのが、焼き鳥の甘辛いタレをふんだんにつけた焼きむすびだった。

甘い焼き鳥のタレが香ばしい囲炉裏の焼きおむすび

九州というと醤油や料理の甘さが話題になる。九州の中でも特に長崎は江戸時代から砂糖や海外のお菓子が入り、甘い味つけが根づいたという。甘さが足りないことを「長崎が遠い」と表現するお年寄りがいるくらいだ。今回は長崎の離島、壱岐島でその文化に触れた。

博多から高速船で1時間で到着する壱岐島。九州の陽気さと神聖さを兼ね備えた島というのが第一印象だった。何かが宿っていそうな大きな岩や神社がたくさん目に入る。聞くと、壱岐島には１５０社以上の神社があり、「神々が宿る島」とも言われているそうだ。

初日に向かった先は「平山旅館」。女将やスタッフの人柄や食事が評判となりリピーターが多い宿だ。夕食では壱岐島の新鮮な魚介類をこれでもかというほど振る舞ってもらった。さらに食後には、旅館の隠れ家に。この囲炉裏で焼かれる焼き鳥が絶品なのだ。旅館で飼っている地鶏や網で捕まえた天然の鴨を甘めのタレに漬けて焼く。

さらにシメには、小さめのおむすびにこの焼き鳥のタレを付けて、焼きむすびを。カリッと焼かれた香ばしい熱々おむすびと九州らしい甘辛いタレのコンビネーションがすでにいっぱいになっていた胃袋に隙間を空ける。自宅で試すなら鶏の照り焼きで余ったタレを活用して焼きむすびにするといい。

料理を教えてくれたえみちゃんとまみちゃん。どの料理にもどんどん砂糖を加えていくのが壱岐流だ。

ウニと野菜を甘く炊いたウニ山盛りの「おまぜ」

旅館で壱岐の味を堪能した翌日は、家庭料理を教えてもらう。パワフルでチャーミングな地元育ちのえみちゃんとまみちゃんが迎えてくれた。教わったのは壱岐で獲れるウニを中心に使った料理だ。

まずはウニと壱岐野菜の「おまぜ」。ウニとともにゴボウ、ニンジン、ウマノリ（干し大根）を甘く炊き、甘めの酢飯と混ぜ込んでいく。ウニを出汁として使っているのも、ウニが甘く味つけされているのにも驚いた。しかし、酢の加減が絶妙なのか、さっぱりした味わいの中で砂糖の甘さがコクになっているし、ウニのうま味が味わいを深めている。想像以上においしい。地元では運動会やお祝い事のときに食べることが多いそう。色や形が少し悪いウニや冷凍のウニでもいいそうなので、ウニが手に入った際にはぜひ騙されたと思って試してみてほしい。

ほかにも、20壺分のウニをすって混ぜ入れた卵焼きの「ウニ焼き」は、もはやウニを卵でつないだような贅沢すぎる料理で驚いた。ウニ焼きも甘めの味つけだ。「よごし」と言われる野菜のゴマ和えにはカボチャとナスが使われているが、こちらも甘めの味つけ。衝撃を受けたのは、一連の料理を作る中で1袋分の砂糖がすべてなくなっていたこと。

かつては貴重とされていた砂糖を使うことこそおもてなし。そんな感覚が根づいている壱岐島。甘いおもてなしに、心まで溶かしてもらった。

日本のおむすび

九州／沖縄 43

熊本県

おむすび
85

エビ飯のおむすび

作り方

①乾燥むきエビを軽く洗い、500mlのぬるま湯で戻す。戻し汁はとっておく。
②炊飯器に洗った米と戻したむきエビ、Aを合わせたものを入れる。炊飯器の2合の目盛りまで、①の出汁を入れて炊く。
③炊き上がったえびめしで、おむすびを結ぶ。

材料（6～8個分）

米	2合
乾燥むきエビ	40g
A 薄口醤油	大さじ2
A 酒	大さじ1
むきエビの出汁	450ml程度

芦北うたせ直売食堂「えび庵」の店内で「えびめしの素」を購入できる。

おむすび
86

びりん飯のおむすび

材料（8〜10個分）

米	2合
木綿豆腐	300g
干し椎茸	10g
ゴボウ	60g
ニンジン	60g
油揚げ	40g
干し椎茸の戻し汁	100ml
砂糖	20g
薄口醤油	40g
米油	8g

作り方

①干し椎茸を一晩水に浸して戻しておく（戻し汁はとっておく）。
②ニンジン、干し椎茸、油揚げを5mm幅の角切りにし、ゴボウはささがきにして水にさらし、水気を切っておく。
③フライパンに米油を熱し、水切りした木綿豆腐をそぼろ状に崩しながら水分が飛ぶまでしっかり炒める（「びりびり」と音がなるくらいまで）。
④②の具材を加えて、中火で3〜4分炒める。
⑤干し椎茸の戻し汁、砂糖、薄口醤油を加え、汁気がなくなるまで煮詰める。
⑥炊いたごはんに⑤の具材を加えてよく混ぜる。
⑦具材が混ざったら、おむすびを結ぶ。

熊本県

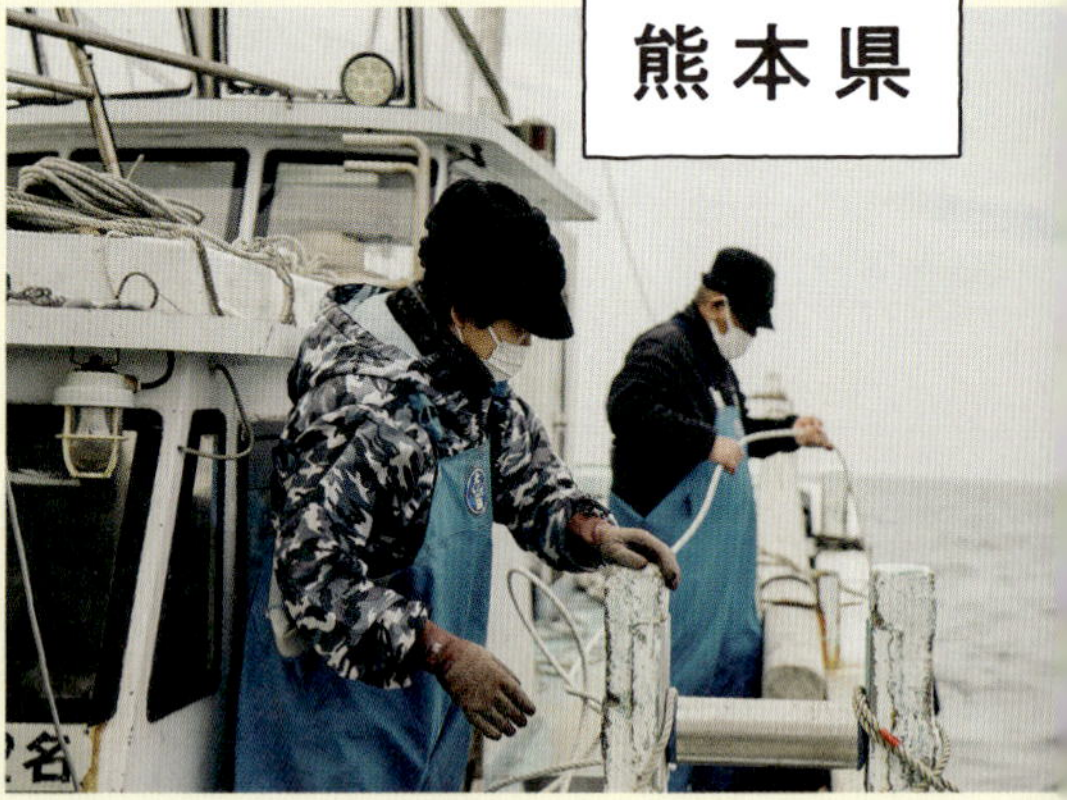
うたせ船で獲れた足赤エビ。「伊勢エビよりおいしい」と評判だったが年々、漁獲量が減っているそうだ。

漁師が船の上で食べた香り高いエビ飯のおむすび

私が大学時代を過ごした熊本で思い出に残っているのは高菜飯のおむすびだ。高菜の漬物をゴマ油で炒めて、醤油、砂糖、みりんで甘辛く味つけ、ごはんに混ぜておむすびに。熊本のソウルフードに懐かしい気持ちになる熊本出身者は多いだろう。高菜飯のように広く知られてはいないが、小さな地域の中で受け継がれてきたおむすびを今回は取材した。

向かったのは熊本県南部の芦北町。ここには約４００年前から伝わる伝統漁法の帆船「うたせ船」が現役で動いている。沖に出たらエンジンを止めて帆を張り、風の力で網を引き、エビや魚など海底の獲物を引き上げる。自然の力だけを頼りにするため魚を獲りすぎることがなく自然に優しい。うたせ船は基本的に夫婦で漁に出る夫婦船《めおとぶね》だ。

今回は遠山正治さん・菊江さんご夫婦のうたせ船に乗せてもらった。沖まで出て帆を張る作業は2人の息がぴったり。波の動きや風向きを読みながら帆の高さを調整したり、投げる網の数を調整したり。

昔はこの船上で炊いていたという漁師飯が「エビ飯」だ。石エビという小さなエビをたっぷり入れた、漁師しか知らない贅沢な炊き込みごはんだ。このエビ飯をおむすびにすると、濃厚なエビの香りとほどよい塩味で海を感じられる味わいに。漁船の上で作っていたというだけあってエビと米と調味料を合わせて炊くだけという気軽さもうれしい。

ビリビリ音がするまで豆腐を炒めるびりんめし。昔は葬式などで地域の人が集まる際に作っていたという。

豆腐がまるで肉のよう！　戸馳島に伝わるびりん飯

次に訪れたのは熊本県中央部にある宇城市の離島、戸馳島。この島だけで食べ継がれてきた豆腐を使った混ぜごはんの「びりん飯」を取材した。教えてくれたのは戸馳島に住む宮川美智子さんと本川淳子さんだ。「葬式などで出す精進料理では肉を使えんけん肉のかわりに豆腐を使っとるとよ。ビリビリ音がするまで豆腐を炒めるけん『びりんめし』って言うって聞いたねぇ」。フライパンで豆腐を崩しながら、ジュクジュク→パチパチ→ビリビリと音が変化するまでしっかり炒める。きつね色になるまで根気よく炒めるのがポイントだ。

ゴボウ、ニンジン、干し椎茸、油揚げなどの具材を、醤油と、出汁で炊き、炒めた豆腐を合わせて炊き立てのごはんに混ぜる。野菜を炊いた出汁もごはんに混ぜるので、米を硬めに炊くのがコツだ。

出来上がったびりん飯は、豆腐が肉のような食感で、その弾力とごはんのコントラストがおいしい。しっかり水切りした木綿豆腐を根気強く炒めた先にあるおいしさに、ぜひ出合ってみてほしい。

最近では地元でもみんなで集まって作ることがなくなったため、びりん飯のレシピも少しずつ忘れられつつあるのだとか。味をつなぐとはどういうことなのか。その地域を好きになればなるほど考えさせられる。

日本のおむすび

九州／沖縄 44

大分県

おむすび 87

麦味噌のおむすび

深島みそは次のURLから購入できる。
https://fukashima.thebase.in

材料（1個分）

温かいごはん ……… 茶碗1杯弱
麦味噌 ……… 適量

作り方

①できればかまどや土鍋で米を炊き、おこげ部分も入れておむすびにする。
②麦味噌を塗って食べる。

おむすび
88

アジの丸寿司

材料（6個分）

米	2合
アジ（約10cm大）	6尾
すし酢	大さじ6
A 米酢	200ml
A 砂糖	150g
A 昆布出汁	50ml
塩	適量
赤シソ漬け（なければ青シソの醤油漬けでも可）	適量

作り方

①アジは頭を残して背開きにする。
②中骨と内臓を取り、よく洗う。
③②の水気をしっかり拭き取り、たっぷりの塩を振って一晩おく。
④塩を洗い流し、Aを合わせた甘酢に一晩漬ける。
⑤④からアジを取り出し、バットにキッチンペーパーを敷いて軽く水気をとっておく。
⑥炊いたごはんにすし酢を加えて酢飯を作り、アジの大きさに合わせて握っておく。
⑦アジの中に酢飯を入れ、形を整えたら、赤シソ漬けを巻く。

大分県

「深島みそ」の製造を引き継いだ安部さんご夫妻。麦味噌のやさしい味はさまざまな料理に合う。

ごはんのおこげと麦味噌というシンプルで深い味わい

日本全国を取材していると郷土食がどんどん失われていることを感じる。それをどう残せばいいのか分からない私は、とにかく記録している。それも、記録するのはレシピだけでなく、レシピを受け継ぐ人の思いも残している。大分では海のそばで生きる人たちの思いを残した。

向かったのは佐伯市にある離島、深島。小さなフェリーで島に渡ると、深い青色の海と生命力を感じる木々が目に飛び込んできた。

フェリーを降りたところで迎えてくれた安部あづみさんと向かったのは、「深島みそ生産施設」。ここは深島の家庭で作られていた麦味噌を商品化するため、島の婦人部のみなさんが「深島みそ」を製造し始めた場所だ。部員の年齢が80代を超えた頃、深島にUターンで戻ってきた安部達也さんが味噌の製造を引き継いだ。その後、安部さんご夫婦は仕込み時に手伝いに来てくれるおばあちゃんたちとともに、羽釜で麦を蒸すという昔ながらの製法で、味噌造りを守り続けている。

味噌造りに使う米は羽釜で炊く。その際にできるおこげを入れて作ったおむすびが最高だということで、今回は羽釜で炊いたごはんでおむすびを結び、深島味噌を添えた。熟成期間が短い麦味噌らしいフレッシュな甘みとうま味が、おこげの香ばしさとよく合う。おこげがない場合はおむすびを焼いて麦味噌を塗るのもいいだろう。

ミヨ姐がアジの丸寿司を作る際には、市場までアジを探しに行くこだわりぶり。美しいチソの巻き方も研究している。

ほかに魚の出汁がきいた味噌汁も用意してもらった。いつも新鮮な魚で出汁をとるので、季節によって味噌汁の味が違うのだそう。麦味噌ならではの優しい甘さが魚の出汁と合ってホッとする。

アジが丸ごと寿司に！　インパクト抜群の家庭料理

フェリーで佐伯市内に戻り、小さな加工所へ向かった。この地で昔から食べられている「アジの丸寿司」の名人がいるというのだ。丸寿司を教えてくれたのはミヨ姐（村井美代子さん）。元気なお母ちゃんだ。

目に入ってきた丸寿司のビジュアルに驚いた。塩と酢でしめたアジのお腹に酢飯を詰めてチソ（方言で赤シソのこと）をぐるりと巻く。この地域では丸寿司をお祝い事やお祭りなどで食べてきた。昔は家庭で作られていたが、手間がかかるので自分たちで作る家庭が減ったという。

アジの臭みを抜いてうま味は抜かない絶妙な酢の加減と漬かり加減。米の甘みと赤シソの爽やかな香りがアジのおいしさを底上げしている。手間はかかるが、郷土の味を試したい人はぜひ挑戦してもらいたい。

香り高いチソはおむすびにピッタリ。刻んだチソを混ぜごはんにしたおむすびも結んでくれて、帰りがけには大切なチソを袋いっぱいにお裾分けしてくれた。義務感からではなく、楽しそうに地元の食文化をつなぐ姿にとてもひかれた。やっぱり「楽しいは正義」なのかもしれない。

日本のおむすび

九州／沖縄 45

宮崎県

おむすび 89

こなます

材料（5〜6個分）

冷やごはん……500g

刺身用のカツオ（皮付き）……1柵（250g程度）

塩……大さじ½程度

作り方

①カツオの皮をバーナーで炙る。もしくはフライパンで焼く。

②カツオを細かく刻んでミンチ状にする。途中、塩を加えて全体に塩味をつける。

③冷やごはんに②を加えてこね、小さめのハンバーグ状に成形する。

④できれば炭火で、難しい場合はトースターやフライパンで焼き色がつくまで焼く。

焼き上がったら、好みでマヨネーズなどをつけて食べてもおいしい。

おむすび
90

むつみ会の鶏飯おむすび

材料（10〜12個分）

米	3合
鶏ムネ肉	150g
鶏モモ肉	150g
干し椎茸（100mlの水に浸しておく）	5枚
ゴボウ（ささがきにして水に浸しおく）	1本（200g）
三温糖	70g
薄口醤油	大さじ7
濃口醤油	大さじ3
塩	少々

※鶏肉はできれば親鳥だとよりいい出汁が出る。

下準備　米は2時間浸水しておく。

作り方

①椎茸の戻し汁100mlと水3合分（540ml）を鍋に入れる。
②鍋にカットした鶏肉（モモとムネ）、水気を切ったゴボウ、水に戻してスライスした椎茸を入れて中火にかける。アクが出てくるのでおたまで取っていく。
③三温糖を加える。
④5分置いて醤油、塩の順で加える。
⑤水を切った米を鍋に入れ蓋をして炊く（中火にかけて沸騰したら15分ほど弱火にかけ、火を消して、15分蒸らす）。
⑥炊き上がったら混ぜ合わせ、おむすびを結ぶ。

日本のおむすび

九州／沖縄 45

宮崎県

手際よくカツオをさばく元子さん。こなますは、もとは船上で食べていた豪快な漁師飯だった。

新鮮なカツオを使った豪快な漁師のおむすび

母親やおばあちゃんの手作りおむすび。おむすびの作り手というと女性を想像しがちだ。しかし宮崎では男性が生んだおむすびに出合った。

向かったのは宮崎県の細島。日向市漁業協同組合の元女性部長、島田元子さんを訪ねた。台所にあったのは、新鮮なカツオ丸々一尾。このカツオがおむすびに姿を変えるのだという。その名も「こなます」。

元子さんが手際よくカツオをさばいていく。皮がついたカツオの柵をバーナーで炙り、香ばしい香りが漂ったところでミンチ状になるまで叩く。その後、カツオのミンチに冷やごはんと塩を加えてこねる。ハンバーグ状に成形してオーブンで焼いたら完成だ。

外はカリッと香ばしく、中はホクホク、力強いカツオの風味を感じられる。塩味もきいているし、お酒に合いそうなうま味もある。子ども向けにはマヨネーズを付けたり、レタスで包んだりするのもオススメなのだとか。自宅で再現するなら、フライパンやトースターで焼いてもいい。焼き色がつくまでしっかり焼くのがポイントだ。

こなますはもともと漁師が船上で作っていた。漁のお土産としてお父さんが持って帰るこなますが家族の楽しみだったという。漁師が船上で作っていたときはカツオの目玉や血合いも入れて、焼くときは七輪の炭火に放り込むという、漁師らしい豪快なおむすびだったそうだ。

コクとツヤを増すために鶏の皮を残したまま使うのも、おいしく仕上げるポイントだ。

廃鶏の滋味を味わう地元で評判の消防団のまかない

細島から1時間ほど海岸沿いを下った場所にある新富町。ここには、地元で愛される鶏飯があるという。迎えてくれたのは松本りえさん。地元で鶏飯が人気になったキッカケは、りえさんのお義父さん。「おじいちゃんが庭の鶏をしめて、消防団のまかないに作りよったとよ」。それが評判になり、婦人会「むつみ会」がレシピを受け継ぎ、イベントなどで振る舞っている。早速、評判の鶏飯の作り方を教えてもらった。

「廃鶏を使わんと出汁が出らんっちゃが」。鶏肉は若鶏ではなく、卵を生み終えた後の親鶏（廃鶏）がオススメだそう。上白糖ではなく三温糖を使うことでより深みのある味に仕上がる。

鶏肉や椎茸、ゴボウなどの具材をグツグツと煮込み、アクを取って味をつけたら、米を加えて炊飯。鍋で炊飯する場合は、少し厚手の蓋がしっかり閉まる鍋を準備するといい。温かいうちにおむすびにして頬張ると、かみ応えのある鶏肉が口の中で躍りながらいい味を出している。そして出合えたらラッキーな甘い醤油と相性抜群の香ばしいおこげ。色んな食感や香りでひと口ひと口が楽しい。みんなが笑顔で食べている。

きっとお父さんたちはこの笑顔を見るのが好きだったんだろう。大きな手でおむすびを結ぶお父さんたちの姿が思い浮かんだ。

日本のおむすび

九州／沖縄 46

鹿児島県

おむすび 91

かしゃにぎり

豚味噌の作り方は沖縄県のアンダンスー（207ページ）に掲載したレシピを参考に。

材料（1個分）

温かいごはん	茶碗1杯弱程度
豚味噌	15gほど
卵	1個
塩	ひとつまみ

作り方

①卵を溶き塩を加え、油（分量外）をひいたフライパンで薄焼き卵をつくる。
②豚味噌を具材にして太鼓形のおむすびを結ぶ。
③②のおむすびを①の薄焼き卵の上にのせて包む。
④あれば、完成したおむすびを芭蕉の葉（バナナの葉）で包む。

おむすび
92

つあんつあん

材料（6〜8個分）

米	2合
ゆで落花生	50g
豚肉（薄切り）	80g
ニンジン	30g
タケノコ水煮	30g
ゴボウ	30g
サヤインゲン	15g
干し椎茸	10g
A 薄口醤油	大さじ1
A みりん	大さじ1
B 薄口醤油	小さじ2
B みりん	小さじ2
米油	8g

作り方

①干し椎茸を一晩戻しておく（戻し汁はとっておく）。
②サヤインゲンを塩ゆで（塩分量外）し、5㎜幅に斜め切りにする。
③豚肉は1㎝幅に、ニンジン、タケノコ、椎茸は5㎜幅の角切り、ゴボウはささがきにして水にさらす。
④フライパンに米油を熱し、豚肉を炒める。
⑤豚肉に火が通ったら、③の野菜類を加えて中火で3〜4分炒める。
⑥Bを加えて、汁気がなくなるまで軽く煮詰める。
⑦炊飯器に洗った米とAを加え、炊飯器の2合目盛りまで干し椎茸の戻し汁を加えて（足りなければ水を加える）、⑥の具材を加え、炊き込みモードで炊飯する。
⑧炊きあがったら、ゆで落花生を加え、よく混ぜる。
⑨混ざったら、おむすびを結ぶ。

かしゃにぎりの具材は豚味噌。幕末の薩摩の偉人たちが体格がいいのは豚肉を食べていたからだろう。

ボリューム満点の肉味噌むすびを卵で包んで

祖母が鹿児島の甑島出身なので、幼少期から故郷での話を聞くことがあった。今回の旅も自分のルーツを探るような感覚だった。

鹿児島でおむすびを教えてくれたのはNPO法人「霧島食育研究会」理事長の千葉しのぶさん。霧島食育研究会が主催する「霧島・食の文化祭」には「家庭料理大集合」という企画があり、おむすびの情報も集まるという。その中で語られた鹿児島のおむすびを3種類教わった。

最初に教わったのは「かしゃにぎり」。徳之島で古くから食べられているという、薄焼き卵で包まれたおむすびだ。もとはこれを「かしゃ」と呼ばれるクマタケランの葉っぱで包んでお土産に持たせていたことから、「かしゃにぎり」と呼ばれるようになったという。

おむすびは具を入れずに食べることもあるというが、今回は、豚味噌を具材にした豪華なかしゃにぎりに。「肉食が禁じられていた時代も鹿児島では豚を〝歩く野菜〟と言って食べていたんです」と千葉さん。すごいキャッチコピーだ。豚肉を食べる琉球王国と近く、都や江戸から遠かったため、肉食への禁忌が薄かったのだろう。

豚味噌に入れる砂糖の多さにも驚いた。豚肉とほぼ同量の砂糖を使う上、甘い麦味噌で仕上げる。ふんわりと甘みのある卵に、甘い豚味噌。南九州の米は甘みが強すぎないからだろうか、不思議とよく合う。郷土

鹿児島では節分の豆まきにも使うほど落花生が身近な食材だという。ほかに高菜を巻いたおむすびなども人気。

食って本当によくできている。具材は豚味噌でなくても、薄焼き卵でおむすびを巻くと彩りも楽しいので、気軽に挑戦してもらいたい。

落花生の塩味やホクホクした甘さをおむすびで

次に教えてもらったのは「つあんつあん」。落花生入りの炊き込みごはん。これをおむすびにして畑作業の昼食にしており、「昼飯《ちゅうはん》」がなまって「つあんつあん」と呼ばれるようになったそうだ。

土壌も選ばず台風にも強い落花生は鹿児島の土地にぴったりで、明治時代から生産が盛んになった。つあんつあんは、野菜や豚肉などの炊き込みごはんを炊飯した後に落花生を加える。落花生は炊き込まないことで食感を楽しめる。塩ゆでの落花生を使うとホクホク甘く、ほどよい塩味もあるので炊き込みごはんのアクセントになるしボリュームも出る。

ほかにも、高菜のおむすびでは高菜の茎を細かく刻み、ごはんと混ぜ合わせて三角のおむすびにして、高菜の葉を巻いていく。奈良県の「めはりずし」（128ページ参照）とほぼ同じ要領でおもしろい。

鹿児島の郷土食を紐解いている間、祖母のことを何度も思い出した。千葉さんは、「食文化は先人の心意気が表れたもの」と言っていた。亡くなった祖母から話を聞くことはできないが、郷土食を通じて、もっと祖母のメッセージを受け取れるのかもしれない。

日本のおむすび

九州／沖縄　47

沖縄県

おむすび

93

ジューシーおむすび

作り方

①干し椎茸と昆布は400mlの水で戻しておく（出汁は炊飯時に使用）。

②戻した干し椎茸と昆布、ニンジンは千切りにする。豚バラ肉は5ミリ幅程度の細切りにする。

③フライパンにオリーブオイルを熱し、豚バラ肉を炒め色が変わってきたらニンジン、干し椎茸、昆布を加えて炒める。

④米を洗い、炊飯器の目盛りまで①の出汁と醤油を加える（出汁のみで目盛りまで足りない場合は水を加える）。③も加えて炊飯する。

⑤炊き上がったら、刻んだヨモギを加えて混ぜ、おむすびを結ぶ。

材料（6〜8個分）

米……2合

干し椎茸……2枚

昆布……5センチ角1枚

ニンジン……40g

豚バラ薄切り肉……100g

醤油……大さじ2

ヨモギ（なければ青ネギ小口切り）……適量

オリーブオイル……適量

※油分が多いので、ビニール手袋やラップを使うとおむすびを結びやすくなる。

おむすび
94

アンダンスーおむすび

材料（1個分）

温かいごはん……茶碗1杯弱
豚バラ塊肉……200g
味噌……150g
黒糖……60g
みりん……大さじ2
刻みショウガ……大さじ2程度
米油……適量

※アンダースー（油味噌）は適量を具材に使うだけ。余った分は常備菜として活用できる。

作り方

①豚肉を水からゆでる。沸騰したら火を弱め40～50分ゆでる。火を止めたらそのまま冷まし、豚肉を取り出し1㎝角に切る。
②フライパンに薄く米油をひき、豚肉を炒める。豚の脂は適宜、キッチンペーパーで拭き取る。
③ショウガ、味噌、黒糖を加えて混ぜる。最後にみりんを加えてテリが出るまで煮詰める。
④③を具材にしておむすびを結ぶ。

日本のおむすび
九州 / 沖縄 47
沖縄県

笑子さんは旬の野菜を活用してジューシーを作る。自然に相談しながら楽しく料理をしたいのだという。

うま味のかけ算で深みが出る沖縄名物のジューシー

かつては琉球王国として日本と中国などをつなぎ、独自の文化を築いた沖縄。歴史や文化を知るほどに深まる沖縄の魅力を深掘りした。

沖縄を訪れると食べたくなる沖縄そば。鰹節と豚骨の出汁に、トッピングは豚の三枚肉や軟骨ソーキ（スペアリブ）。ここに沖縄らしさが凝縮されている。例えば、鰹節。沖縄は鰹節の消費量日本一で、「あじくーたー」とは出汁がきいて味わい深いという意味。うま味を生かした料理も多い。昆布の消費量も多い。出汁というより「クーブイリチー（昆布の炒め物）」のように昆布を具材として食べることが多いようだ。

そして豚肉。琉球王国では中国の客人をもてなすために豚を使った料理が広まった。今も「豚は鳴き声以外すべて食べる」と言われるほどさまざまな食べ方がある。もちろん、おむすびにも豚肉が使われている。

まずは「ジューシー」。これは沖縄でよく食べられている炊き込みごはんで、豚肉が使われることが多い。取材をしたのは、沖縄本島の北部に位置する大宜味村にある「笑味の店」。ここの看板メニューは店主の笑子さんが育てた野菜と豚肉のジューシーだ。

ジューシーは旬の野菜を工夫して生かしていく。今回使った具材は豚の三枚肉、ニンジン、干し椎茸、昆布、ニンニクの葉。動物性から植物性まで、うま味のかけ算に沖縄らしさがあふれている。ニンニクの葉は

アンダンスーは沖縄家庭の常備菜。料理を楽しんだ後はおじいもおばあも機嫌よく踊り始めた。

「ふーちばー（ヨモギ）」になることもあり、季節の薬草を使うのも食べ物を薬として捉える沖縄らしさだ。うま味はかけ算によって深みが増す。調味料を加えすぎず、食材の持つエネルギーを信頼したからこそ得られる味わいを、ぜひ自宅でも試してみてほしい。意外にも、どの地域でも手に入る食材で作れるので、家庭でも気軽に沖縄気分を味わえる。

豚と味噌、黒糖のマリアージュで濃厚なコクのおむすび

続いて、うるま市のおばあとおじいに教えてもらったのが「アンダンスー（油味噌）」。三枚肉を炒めて味噌と砂糖で味つけをする沖縄の常備菜で、おむすびの具材としても親しまれている。一緒に教えてもらった祝いの日に食べられる味噌汁「イナムドゥチ」も豚肉が入っていた。

ゴロッと食べ応えのある豚バラ肉と味噌や黒糖などを合わせたコクのある豚味噌。甘めの味だけれどショウガがいい具合に引き締めてくれる。アンダンスーとは油味噌の総称なので、豚肉が基本ながらツナ缶やスパム缶などで作ることもあるそうだ。

食事が終わると、おじいが持参の三線《さんしん》を弾いてくれた。すると、恥ずかしがることもなく立ち上がって踊り出すおばあたち。

沖縄には体も魂も喜ぶ暮らしがある。だから人は、元気をもらいたいときにふと沖縄に行きたくなるのだろう。

おわりに

最後まで47都道府県のおむすびの旅にお付き合いくださり、
ありがとうございました。

お楽しみいただけましたでしょうか。

日本全国、94種類のおむすびを紹介しましたが、
実はこれでも、私が旅先で出合ったおむすびのわずか一部。
さらに私がまだ出合っていないおむすびも、
まだまだあるのだろうと思います。

「うちの地域にはこんなおむすびがあるよ！」
そんな声をいただけたらうれしいです。
これからも、おむすびの旅を続けていきたいので、
あなたのいる町にも伺わせてください。

それにしても、なぜおむすびなのか？

読者の中には、そんな疑問を持ってくださった方もいらしたかもしれません。
そこで最後に、私がおむすびに出合った経緯について、

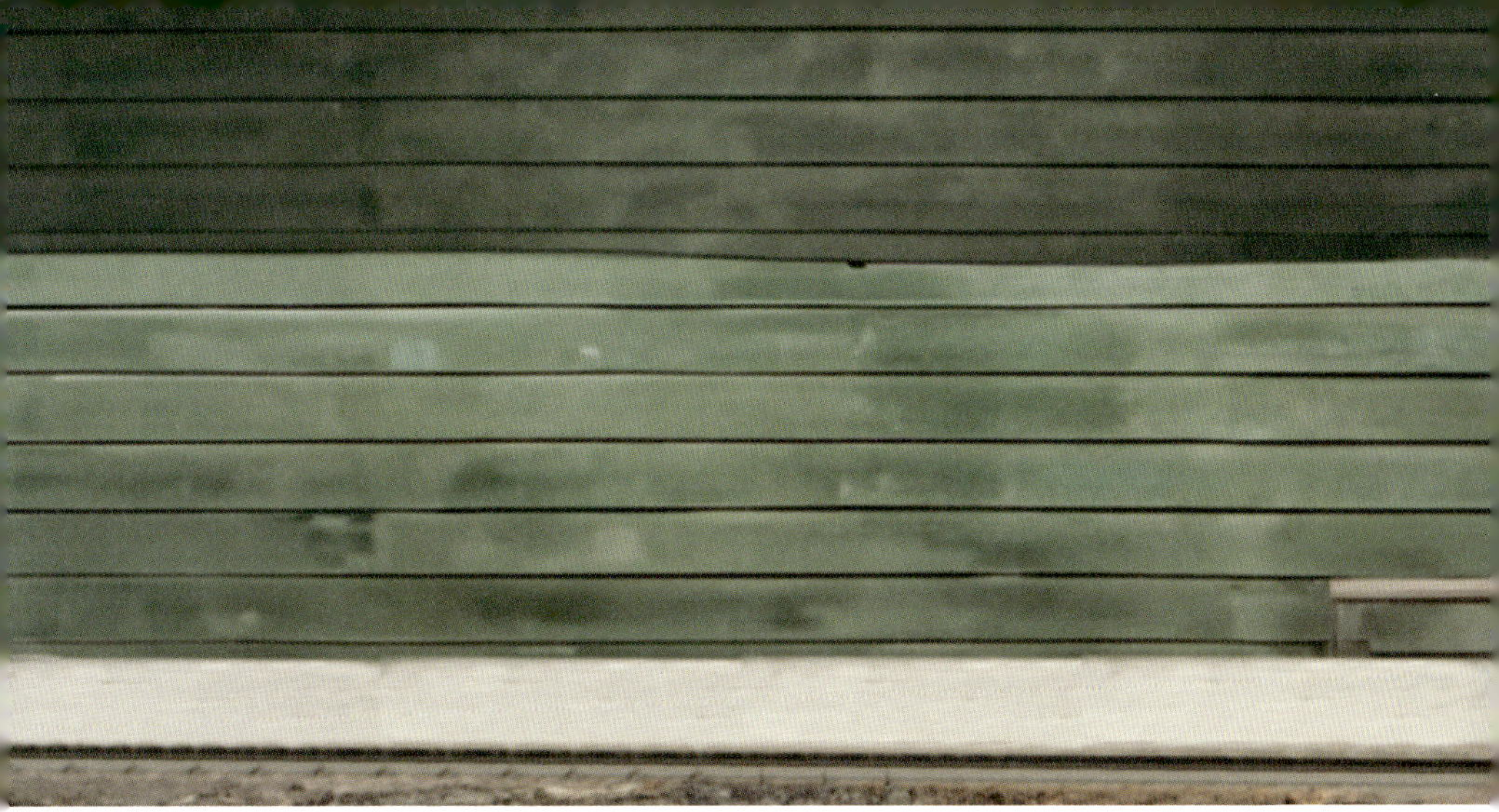

少し打ち明けさせてください。

実は、私が食に興味を持ったキッカケは、
中高生時代に拒食症になったことでした。
人間関係に悩み、自信がなくなり、食べることが怖くなって、
身長は１６０㎝近くありながら、体重は23㎏まで落ちました。

当時は「食べることなんて、この世からなくなってしまえばいいのに」
と思うほど、食べることがとっても苦しかった。

大学に入り、環境が変わり、
長年苦しんだ拒食症が治りました。
当たり前のようにごはんを食べられるようになったときには、
ひしひしとこう感じていました。

食べることは、生きること。生きる喜びを味わうということ。

「食べる」ことに苦しんで、苦しんで……。でも、
「食べる」ことに救われた私だからこそ気づいたことを、
たくさんの人に伝えていきたいと思うようになりました。

どこに住んでいても、どんな人にとっても、
身近でほっとする食べものは何だろう。

なにより、私が大好きな食べものを通して食べることの
豊かさを伝えたいと思って相棒に選んだのが、おむすびでした。

知れば知るほど、
おむすびには人々の叡知が詰まっていました。
土地の恵みに感謝して、
自然と共存しながら上手に生きるための知恵や、
食べる人のことを想う優しさや愛。
そんな、人間らしいものすべてがギュッと凝縮されているのが、
おむすびです。

おむすびの数だけ、愛がある——。

47都道府県を旅して、
それぞれの地域で長く食べられてきたおむすびを教えてもらうと、
その背景には必ず、その地域で暮らしてきた
人々の想いがあることに気づきました。

おむすびは先人からのラブレターであり、
未来へのラブレターであり、そして人々の祈りそのものです。
だから、私は今日もどこかでおむすびを探し求め、おむすびを結んでいます。

最後になりますが、
日本全国の旅先でお世話になったみなさま、
最高の瞬間を写真に収めてくださったカメラマンのみなさま、
クラウドファンディングなど
さまざまな形で応援してくださったみなさま、
私の想いを汲みながら丁寧に編集してくださったひのさん、
旅するおむすび屋として取材やレシピ試作などサポートしてくれた
もんちゃん、まほちゃん、めいちゃん、
本当に、本当に、ありがとうございました。

二〇二四年　稲穂がたわわに実る秋晴れの日に

菅本香菜

Special Thanks

クラウドファンディングで
ご支援いただいたみなさま

47都道府県のおむすびの取材に行きたいと計画を立てた際、
クラウドファンディングに挑戦しました。
私が語った夢を474人の方が後押ししてくださって、
459万5019円のご支援が集まりました。
みなさんの応援があったからこそ、取材を完遂することができました。
このページには、
「書籍にご支援者様のお名前掲載」のリターンに
支援くださったみなさまを紹介させていただきます。

土佐ジロー おさき農場さん／
今居弘幸さん／**菅本family**さん／
コケナワホールディングス株式会社 苔縄義宗さん／
小幡和輝／**和泉市郷荘地区 寺門町青年團**さん／
株式会社アマヤドリさん／**矢澤祐史**さん

長倉顕太さん／**浄土宗名越大本山 圓通寺**さん／
ようび 大島正幸さん／**永田雅裕**さん／**越智幸三**さん／
株式会社ひなたさん／**堀泰弘**さん／**一京綜合法律事務所**さん／
株式会社大濵海苔店さん／
すまうら水産 若林良さん／**大川浩子**さん

須崎屋台かじしかさん／坂本春香さん／株式会社BEATICEさん／
Restaurant Caravansarai 更井亮介さん／井戸聞多さん／五十嵐隆さん／
株式会社YeeY 島田由香さん／一般社団法人the Organic 小原壮太郎さん／
Tsukuba Place Labさん／吉田昂樹さん／Peace Kitchen TOKYOさん／
近藤威志さん／def-visitorさん／ナノバブル屋さん 安斎聡さん／
卯田和歌子さん／光琳寺さん

Photographer

旅を記録してくれた
フォトグラファーのみなさま

澤田直大さん
北海道、秋田県、宮城県、山形県、栃木県、群馬県、茨城県、埼玉県、東京都(江戸前海苔の佃煮むすび)、千葉県、神奈川県、新潟県(きりあい)、石川県、山梨県、長野県、静岡県、奈良県、和歌山県、島根県、岡山県、香川県、愛媛県、高知県、大分県

中山雄太さん
福井県、滋賀県、京都府、兵庫県、福岡県、熊本県(エビ飯のおむすび)、宮崎県、鹿児島県、沖縄県(ジューシーおむすび)

丹下恵実さん
富山県、岐阜県、愛知県、三重県、鳥取県、徳島県

山本佳代子さん
山口県、長崎県

土橋詩歩さん
青森県、岩手県

酒井ヒロスイさん
福島県(こづゆのおむすび)、新潟県(さくら飯のおむすび)

前田紋華さん
東京都(ツナと塩こうじのおむすび)、広島県、熊本県(びりん飯のおむすび)

土田 凌さん
佐賀県

TOYOHIRO MATSUSHIMAさん
大阪府

齋藤汐里さん
沖縄県(アンダンスーおむすび)

ヨシダダイスケさん
福島県(油味噌のおむすび)

［著者］
旅するおむすび屋
菅本香菜（すがもと・かな）
福岡県北九州市出身。熊本大学卒業。
『くまもと食べる通信』副編集長として活動した後、2016年株式会社CAMPFIREに転職。LOCAL・FOOD担当として全国各地のクラウドファンディングプロジェクトをサポート。本業の傍ら、2017年に「旅するおむすび屋」を立ち上げ、2019年に独立。現在は食べることの楽しさや大切さを伝えるために、おむすびを通じた食育授業や全国の食文化取材、メニュー開発、PR企画などに取り組んでいる。食に関心を持ったきっかけは、中学高校時代に拒食症を患い死の危険に直面するも、大学時代に克服し、「食べることは生きること。そして生きる喜び」と実感したこと。本書のベースとなった日本のおむすびを巡る旅のドキュメンタリー映画化が決定。

日本のおむすび
――47都道府県を旅して見つけた毎日楽しめるレシピ94

2024年10月29日　第１刷発行

著　者――菅本香菜
発行所――ダイヤモンド社
〒150-8409　東京都渋谷区神宮前6-12-17
https://www.diamond.co.jp/
電話／03･5778･7233（編集）　03･5778･7240（販売）

装丁・本文デザイン―中澤愛子
DTP――三橋理恵子［QuomodoDESIGN］
校正――聚珍社
製作進行――ダイヤモンド・グラフィック社
印刷――勇進印刷
製本――ブックアート
編集担当――日野なおみ

ISBN 978-4-478-12020-0